Tomar la palabra

Islamofobia y participación política después del 15-M

Johanna M. Lems

Universidad Complutense de Madrid, Spain

 Bridging Languages and Scholarship

Serie en Ciencias Políticas

Copyright © 2025 Vernon Press, una marca de Vernon Art and Science Inc, en nombre del autor.

Todos los derechos reservados. Ninguna parte de esta publicación puede ser reproducida, ni almacenada en un sistema de recuperación de datos, ni transmitida de ninguna forma ni por ningún medio, ya sea electrónico, mecánico, fotocopiado, grabado u otro, sin el permiso previo por parte de Vernon Art and Science Inc.

www.vernonpress.com

In the Americas:
Vernon Press
1000 N West Street, Suite 1200
Wilmington, Delaware, 19801
United States

In the rest of the world:
Vernon Press
C/Sancti Espiritu 17,
Malaga, 29006
Spain

 Bridging Languages and Scholarship

Serie en Ciencias Políticas

Número de control de la Biblioteca del Congreso (EEUU): 2023949179

ISBN: 979-8-8819-0165-3

Also available: 978-1-64889-807-5 [Hardback]; 978-1-64889-850-1 [PDF, E-Book]

Los nombres de productos y compañías mencionados en este trabajo son marcas comerciales de sus respectivos propietarios. Si bien se han tomado todas las precauciones al preparar este trabajo, ni los autores ni Vernon Art and Science Inc. pueden ser considerados responsables por cualquier pérdida o daño causado, o presuntamente causado, directa o indirectamente, por la información contenida en él.

Se han hecho todos los esfuerzos posibles para rastrear a todos los titulares de derechos autor, pero si alguno ha sido pasado por alto inadvertidamente, la editorial se complacerá en incluir los créditos necesarios en cualquier reimpresión o edición posterior.

Diseño de portada: Vernon Press.

Imagen de portada: rawpixel.com (Freepik).

Moving from silence into speech is for the oppressed, the colonized, the exploited, and those who stand and struggle side by side a gesture of defiance that heals, that makes new life and new growth possible. It is that act of speech, of "talking back", that is no mere gesture of empty words, that is the expression of our movement from object to subject - the liberated voice.

bell hooks, Talking Back. Thinking Feminist, 2015: 9

Pero también sé que si no hablo, hablarán por mí, y cuando hablan por mí, ya he visto cómo va la cosa. Por eso decido tomar la palabra.

Miriam Hatibi, Mírame a los ojos. No es tan difícil entendernos, 2018

We know of course there's really no such thing as the 'voiceless'. There are only the deliberately silenced, or the preferably unheard.

Arundhati Roy, The 2004 Sydney Peace Prize Lecture, 2004

"Tomar la palabra" es la brillante aportación de Johanna M. Lems a la comprensión de la dimensión política de la categoría "musulmán" o "musulmana", la cual emerge como elemento clave en el análisis de las diferentes formas de participación y resistencia en el espacio público de estas personas.

Lejos de las aproximaciones más generalizadas que se realizan desde la religiosidad, este libro cuestiona las representaciones de la identidad musulmana como exclusivamente religiosa, para recuperar así su dimensión política y devolverles su humanidad suprimida por los estereotipos islamófobos. En este sentido, si la población migrante en general, y la musulmana en particular, no participó activamente en las asambleas y protestas del movimiento 15M -punto de partida de esta obra-, al igual que tampoco lo hizo la clase trabajadora autóctona, sí que desde los últimos años ha venido materializando en hechos algunos de los discursos y sentires de este movimiento de indignados y recordando igualmente que movilizarse sirve para algo y que, incluso, es posible vencer.

Fruto de una exhaustiva labor investigadora, parejo el compromiso ético y social de la autora, este interesante libro se torna así en una útil herramienta al servicio de la ciudadanía y de las instituciones, arrojando luz sobre cómo implementar algunas acciones necesarias para la cohesión social, como la deconstrucción de los numerosos estereotipos y prejuicios sobre el colectivo musulmán existente en España, el cual, como nos enseña el libro, es extraordinariamente diverso; o dilucidar qué posición ocupan en la sociedad española de nuestros días quienes son leídos y leídas como musulmanas y cuyas prácticas de ciudadanía están determinadas también por el racismo islamófobo que sufren en su cotidianidad.

Dr. Óscar Salguero Montaño
Facultad de Ciencias Políticas y Sociología
Departamento de Antropología Social y Psicología Social
Universidad Complutense de Madrid, España

Johanna Lems analiza en esta obra los procesos de subjetivación política de las personas etiquetadas como «musulmanas» en España. Se trata de un fenómeno reciente, como señala el título, que se inserta en un proceso más amplio de emergencia política y cultural de personas racializadas y de politización de las demandas que les son específicas. Basándose en una noción de ciudadanía como «derecho a reivindicar derechos», Lems indaga en cómo y cuándo se produce esa subjetivación, qué expectativas y reivindicaciones plantea, a qué discriminaciones responde y desde qué posicionalidad se articula. Un punto fuerte y original de esta obra respecto a la literatura al uso sobre islam y musulmanes/as en España es que no da por supuesto en qué consiste ser musulmán, sino que incorpora una reflexión permanente sobre esta categoría, en tanto que constructo que responde a un proceso de racialización sobre una realidad social heterogénea, no necesariamente circunscrita a lo religioso, aunque lo incluya. Por tanto, también desliga la subjetivación política musulmana de las cuestiones estrictamente religiosas mostrando que las poblaciones etiquetadas como musulmanas tienen intereses y reivindicaciones comunes a otros sectores sociales, especialmente aquellos que son objeto de racismo y otras formas de subalternización social. Pero también intenta entender qué aporta la identidad religiosa a la agencia política de las personas musulmanas. Por el mismo motivo, la islamofobia, que aparece ya en el subtítulo de la obra, se entiende como dispositivo racista integral que se dirige contra las personas categorizadas como musulmanas (y participa de la formación de esa categoría) y utiliza distintos resortes, no necesariamente vinculados a lo religioso. La obra incorpora reflexiones teóricas, vínculos al contexto europeo e internacional y referencias variadas y actualizadas, además de estar escrita de un modo fluido. En conclusión, esta obra representa un salto cualitativo en la literatura sobre islamofobia, y musulmanidad en España, pero también sobre la política española reciente y el modo en que incorpora (o no) las cuestiones raciales que afectan a un sector relevante de la sociedad. Es una obra destinada a convertirse en referencia para investigadores/as de distintas ramas implicadas en el estudio de las dinámicas sociales recientes en la sociedad española en su relación con la diversidad, así como para agentes sociales y público general interesado en estas cuestiones.

Dr. Daniel Gil Flores
Facultad de Filología
Departamento de Lingüística,
Estudios Árabes, Hebreos, Vascos y de Asia Oriental
Universidad Complutense de Madrid, España

Tabla de contenidos

Lista de tablas — xi

Lista de siglas y acrónimos — xiii

Prólogo — xv
Ana I. Planet

Agradecimientos — xix

Introducción — xxi
A partir del 15-M

Parte I. El derecho a reivindicar derechos — 1

Capítulo 1 **La esfera pública y la reivindicación de derechos** — 3
La formación de las esferas públicas
El papel de las creencias religiosas
El derecho a reivindicar derechos
La pertenencia y sus proyectos
La subjetividad, o agencia, política
La política y lo político

Capítulo 2 **Ganando voz: procesos de subjetivación política** — 11
La racialización y sus interpelaciones
Reacciones al discurso hegemónico
La racialización de las personas (leídas como) musulmanas

Capítulo 3 **Entre la gente: espacios de acción colectiva** — 19
Subalternidad y reivindicaciones en Madrid
Estigmatización y silenciamiento
Identificación de espacios de acción colectiva

La entrada en el campo
Stop Islamofobia
Cambio Futuro
Juntas por la Mejora

Parte II. ¿Quiénes, dónde y cómo? Reivindicaciones y prácticas de participación   33

Capítulo 4   **Frente a la islamofobia**   35

El comienzo de la lucha
Monitorización de los datos islamófobos
"Sin datos no existe la islamofobia"
Contra el discurso de odio
Por el cumplimiento de los derechos religiosos
Financiación
Espacios seguros
La lucha "mora" antirracista
Una representación que importa
Derechos humanos
Hiyab
Alianzas
Contra la estigmatización del islam en las escuelas
Recapitulación

Capítulo 5   **Frente a la pobreza**   69

Supervivencia asociativa
Objeto de política
Relaciones con las ONG

Capítulo 6   **Frente al futuro**   79

Responsables del mundo
En transformación
Un nuevo comienzo

Capítulo 7	**La política representativa**	89
	Introducción	
	La formación política PRUNE	
	Los primeros resultados electorales	
	En busca de votantes	
	La campaña #cédenostuvoto	
	Círculo Podemos Musulmanes	
	"Ostracización" política	
	A la hora de votar	
	Conclusiones	103
	Bibliografía	111
	Anexo. Técnicas de investigación cualitativa	127
	Grupo de discusión	
	Observación participante/Participación observante	
	Entrevista semiestructurada	
	Índice	131

Lista de tablas

Tabla 3.1. Resumen de las posiciones discursivas y sus reivindicaciones — 22

Tabla 4.1. Categorías diferenciadas de delitos de odio y sus denominaciones — 42

Tabla 4.2. Financiación de la CIE por la Fundación Pluralismo y Convivencia — 49

Tabla 4.3. Financiación de proyectos de entidades islámicas locales por la Fundación Pluralismo y Convivencia — 50

Tabla A1. Datos básicos de las personas a las que he realizado entrevistas en profundidad — 130

Lista de siglas y acrónimos

Accem	Asociación Comisión Católica Española de Migraciones
ASPA	Apoyo Socioeducativo y Prelaboral de Adolescentes
CIE	Comisión Islámica de España
COVID-19	Enfermedad por coronavirus 2019
ECRI	*European Commission against Racism and Intolerance*
EFOMW	*European Forum for Muslim Women*
ENAR	*European Network Against Racism*
ENWAD	*European Network of Women of African Descent*
ERC	*Esquerra Republicana de Catalunya*
ERI	Enseñanza de Religión Islámica
ESO	Educación Secundaria Obligatoria
FEERI	Federación Española de Entidades Religiosas Islámicas
FEMME	Foro de la Mujer Musulmana de España
FRA	*Fundamental Rights Agency* (Agencia de Derechos Fundamentales)
FUNCI	Fundación de Cultura Islámica
FPyC	Fundación Pluralismo y Convivencia
GRAIS	Grupo de Análisis sobre Islam en Europa
ICI	Intervención Comunitaria Intercultural
IEMed	Instituto Europeo del Mediterráneo
INE	Instituto Nacional de Estadística
IRPF	Impuesto sobre la Renta de las Personas Físicas
LGTBIQ+	Lésbico, Gay, Transexual, Bisexual, Intersexual, *Queer* (variantes: LGBT, LGBTI, LGBTQ+)
MAPA 12N	Movimiento de Acción Política Antirracista 12N
MDyC	Movimiento por la Dignidad y Ciudadanía
ODIC	*Observatori de la Islamofòbia a Catalunya*
OIDDH)	Oficina de Instituciones Democráticas y Derechos Humanos
OIM	Observatorio de la Islamofobia en los Medios

ONDOD	Oficina Nacional de Delitos de Odio
ONG	Organización No Gubernamental
OSCE	Organización para la Seguridad y la Cooperación en Europa
PCCI	Plataforma Ciudadana Contra la Islamofobia
PIR	*Parti des Indigènes de la République* (Partido de los Indígenas de la República)
PP	Partido Popular
PRUNE	Partido de Renacimiento y Unión de Europa
PSOE	Partido Socialista Obrero Español
SAFI	*Stop als Fenòmens Islamòfobs*
SETA	*Siyaset Ekonomi ve Toplum Araştırmaları Vakfı* (Fundación de Economía Política y Estudios Sociales)
UCFR	*Unitat Contre el Feixisme i el Racisme*
UCIDE	Unión de Comunidades Islámicas de España
UCM	Universidad Complutense de Madrid
UE	Unión Europea
UGD	Unidad de Gestión de la Diversidad
uMMA	Movimiento Moro Antirracista

Prólogo

Ana I. Planet

El libro que tienes en la mano, querida lectora, querido lector, es un trabajo indispensable para entender los modelos de participación de las minorías en las llamadas democracias occidentales y las luchas por los derechos que protagonizan. Centrado en la descripción y análisis de los procesos políticos que están teniendo lugar en España en la última década, las reflexiones y análisis que Johanna M. Lems presenta como autora son, sin duda, extrapolables y de carácter global, complejos y sugerentes, tal y como lo son las herramientas metodológicas y conceptuales que viene empleando en sus investigaciones y que ahora comparte con un público más amplio. "Tomar la palabra. Islamofobia y participación política después del 15-M" nos permite conocer en profundidad las dinámicas políticas en las que participan o de las que son protagonistas las poblaciones musulmanas que viven en España.

Como punto de partida, Lems nos ilustra sobre la dimensión política de la categoría "musulmán" o "musulmana" en la sociedad española actual. Para ello toma como base otras investigaciones recientes (entre otras los trabajos de Téllez Delgado y Madonia, 2018, Gil Flores 2019, Salguero Montaño y Hejazi 2020, Ramírez 2011, Planet 2018) con las que va dialogando a lo largo de todo el trabajo a la vez que va llevando nuestra atención al objeto del libro que no es otro que analizar el impacto que tiene esta categoría política en aquellos que son etiquetados con ella y en sus prácticas colectivas cuando "toman la palabra".

Como Lems constata, "musulmán" o "musulmana" no son un mero adjetivo referido a una creencia o a una práctica religiosa de un individuo o grupo de individuos pues se ha convertido en una categoría distintiva y estigmatizante que se combina con la de inmigrante y extranjero facilitando formas plurales de racismo y discriminación. Estas formas plurales conforman un racismo antimusulmán o islamofobia que crece y cuya dimensión intentan medir los colectivos implicados ante la ausencia de datos oficiales sobre los delitos a ello vinculados. La categoría de musulmán se refiere, entonces, a un colectivo de origen migrante, racializado y, en consecuencia, subalternizado, y con espacios limitados para la acción política colectiva. Como se expone en la primera parte del texto, esta categoría que nace de la diferencia religiosa es ahora una categoría que opera como generadora de subalternidad y de silenciamiento. Como telón de fondo para pensar estas cuestiones está la propia reflexión sobre la deriva securitaria de las políticas migratorias y de atención a migrantes y refugiados que se extiende por todos los países de la Europa occidental, Estados Unidos o Australia.

Dar cuenta de las resistencias y de los procesos por los que toman la palabra estos ciudadanos musulmanes es lo que la autora hace en la segunda parte del trabajo. Lems muestra en estas páginas un amplio conocimiento de primera mano de los modelos de participación y resistencia que tienen lugar en la esfera pública española -y en la contraesfera- y que va mucho más allá del proceso inconcluso de institucionalización del islam en España desarrollado desde 1991 y en los que participan de un modo u otro estos ciudadanos -fundamentalmente para recordar los derechos para cuyo ejercicio existente todavía indudables dificultades materiales y simbólicas-. Su lectura tiene como resultado, pues, un conocimiento más detallado y profundo de los procesos de subjetivación política y participación que están teniendo lugar en el país desde el 15-M.

Frente a la islamofobia, frente a la pobreza, frente al futuro -y todavía en los márgenes de la política representativa- Lems presenta varios modelos de acción colectiva dando a conocer a sus protagonistas, presentando sus motivaciones y acciones y analizando con inteligencia los debates que se están produciendo en su seno sobre qué reivindicar y desde dónde hacerlo. Quizás aquí es donde reside toda la potencia de estos grupos y acciones que Lems muestra pues permite reflexionar como ellas reflexionan, evitando, como señala una de las protagonistas, cualquier forma de victimización añadida, a la vez que se huye también de los procesos de denegación de la vulnerabilidad propios de la construcción de subjetividades en contexto neoliberal. Sin conocer las fallas y fracturas de este sistema difícilmente se podrá poner en marcha los mecanismos para evitarlas. Conocer las fallas y fracturas desde incorporando el diagnóstico y las prácticas de quienes las viven y las enfrentan en su cotidianeidad en un contexto global que facilita el silenciamiento es importante.

Este prólogo no sería ajustado si no desvelara como acicate a su lectura una realidad que ya muchas intuimos y que es la presencia continua en sus páginas, poderosa y resistente, de mujeres que pelean y que se rebelan y que construyen desde muchos espacios y posiciones lugares desde los que reclaman desarrollar sus vidas y la de los suyos con dignidad y derechos y a las que conocemos gracias al trabajo de investigación que Lems viene realizando y a quien dedica su trabajo.

Este libro es fruto de una investigación doctoral. En su realización, como decíamos, Johanna M. Lems ha dado un salto respecto a lo ya hecho, proponiendo una renovación de los marcos y herramientas conceptuales, pero también de la metodología y del propio foco de estudio. En el libro comparte de manera generosa algunas pinceladas metodológicas que además de enmarcar y explicar su trabajo son pistas para el trabajo que otras puedan realizar, pues con su hacer investigador genera, como decíamos, una manera eficaz y comprometida de trabajar como científica social participando como ciudadana que investiga y expone lo investigado y lo participado.

En el momento de escribir estas palabras las palestinos y palestinas de Gaza y de Cisjordania, sometidos desde hace décadas a la ocupación de su territorio, están sufriendo días de violencia extrema a manos de sus ocupantes ante los ojos espantados de la humanidad. El silenciamiento de sus voces y la deshumanización de la que han sido víctimas en todo este tiempo han sido elementos esenciales para que esa violencia se perpetúe y para que la respuesta internacional se muestre hoy tibia y desorientada. De que su razón sea escuchada y de que sus derechos sean garantizados depende hoy la paz en el mundo.

Agradecimientos

En primer lugar, quisiera expresar mi enorme gratitud a Laura Mijares, profesora de la Universidad Complutense de Madrid y directora de mi tesis doctoral la cual es la base de este libro. Ella me animó a emprender este viaje de aprendizaje personal y profesional y su inquietud investigadora y perspectiva crítica me han enseñado, entre otras muchas cosas, que siempre conviene cuestionar las certezas. También deseo expresar mi agradecimiento a Virtudes Téllez, Adil Moustaoui, Daniel Gil-Benumeya y Óscar Salguero, todos ellos compañeros del Grupo de Investigación Complutense GRAIS, por su sabiduría, humor y cariño; es todo un lujo trabajar con y aprender de ellos; a Daniel Ahmed, Salvatore, Fátima y Lucía del equipo de investigación del proyecto de investigación CSO2014-52998-C3-1-P de la Universidad Autónoma de Madrid, y con especial cariño a las investigadoras principales Ana Planet y Ángeles Ramírez, de las que tanto aprendo; a Martijn de Koning, por su supervisión de mi estancia en la Universidad de Amsterdam y por haberme recibido con tanta hospitalidad; a las y los compañeros del Área de Estudios Árabes e Islámicos y a mi compañera de viaje doctoranda Marianne, compartiendo retos y agobios; a mis queridos padres que me enseñaron aceptar los retos a través de los valores del trabajo, honestidad y perseverancia; a Nacho, mi amor y apoyo en todos los sentidos, sin él este libro no sería realidad. A nuestros queridos hijos Juan, Isabel y Daniel Ayodele, por vuestro cariño y paciencia Mi agradecimiento a todo el equipo de Vernon Press España, por hacer posible la publicación de este libro. Finalmente, y, sobre todo, quiero agradecer a las maravillosas mujeres que he podido conocer a lo largo del trabajo de campo, fundadoras o miembros activas de las asociaciones con las que he estado y estoy en contacto. Incansables y generosas con su tiempo, esfuerzo y medios, los cuales no siempre les sobran. Las verdaderamente comprometidas con la lucha por la justicia social: Wahiba, Sara, Rahma y muchas otras. Es a ellas que dedico este libro. Espero poder seguir aprendiendo de vosotras.

Introducción

Este libro no es una investigación sobre la religiosidad de las personas que se autodefinen como musulmanas, en el sentido de estudiar a través del prisma de la religiosidad cómo, dónde y cuándo realizan las prácticas individuales y colectivas en cumplimiento de los preceptos islámicos en su vida cotidiana. Tampoco es un trabajo sobre el islam institucionalizado en España pues ya son varios los estudios recientes[1] que tratan detenidamente el marco jurídico y político de gestión por parte del Estado español de la religión musulmana y de sus federaciones y entidades religiosas islámicas reconocidas como tales en el Registro de Entidades Religiosas del Ministerio de Justicia. En estas publicaciones se describe la constitución y el desarrollo del principal órgano interlocutor reconocido por la Administración para abordar los asuntos del islam en España que es la Comisión Islámica de España (en adelante, CIE) y que desde el año 1992 representa formalmente a las comunidades de confesión musulmana ante el Estado. Sin embargo, tanto el impacto de la mencionada institucionalización como la relevancia de la tradición islámica en las vidas de las personas musulmanas en España repercuten de manera significativa en la temática de este libro, cuyo objetivo principal es ahondar en la dimensión política de la categoría "musulmán" o "musulmana", como base para analizar ciertos modelos de participación y resistencia en la esfera pública española.

A partir del 15-M

En la última década han surgido formas alternativas de protesta y activismo, así como nuevos actores políticos -de todo el espectro- y movimientos sociales que han contribuido a transformar el paisaje político español. El movimiento *Indignados* o 15-M impulsó, desde mayo de 2011, un ciclo de protestas contra las políticas de privatización y los permanentes recortes de derechos que estaban dificultando la vida cotidiana de muchos ciudadanos y limitando dramáticamente sus aspiraciones de progreso social. Dicho movimiento, definido por Lobera (2015: 105) como "un proceso de visibilización de un malestar mayoritario que articula un discurso marco compartido por muchos/as ciudadanos/as", consiguió reunir, día tras día, a más de 100.000 personas en más de 50 ciudades españolas, al tiempo que se producían similares ocupaciones de plazas en otras ciudades europeas (Isin, 2012; Observatorio Metropolitano, 2011). En esos días se emprendieron formas alternativas de

---

[1] Véase, por ejemplo, Astor y Griera (2016); Contreras Mazarío (2018); Gómez (2014); Planet (2018); Salguero (2018); Tarrés y Rosón (2017).

colaboración y participación como bancos de tiempo, cooperativas de consumo o huertas comunales (Ramírez, 2012) y se crearon nuevos medios de comunicación que aspiraban a educar a las poblaciones en asuntos de ciencias políticas, economía, ecología y feminismo (Cagiao y Touton, 2019). En numerosas ciudades por toda España la gente organizaba iniciativas a nivel municipal y participaba en actividades de empoderamiento político de distinta índole que tenían el fin de promover las condiciones necesarias para una construcción política basada en la participación de personas diferentes (Carmona, 2018: 9). A pesar de la vocación inclusiva del movimiento 15-M, fueron varios los colectivos que tuvieron escasa participación en las asambleas, como las feministas, las personas LGBTIQ+ (Calvo y Álvarez, 2015) o las inmigrantes (Ramírez, 2012). En cuanto a la escasa presencia en el 15-M de estas últimas, Ramírez señala la condición de clase como principal motivo, ya que la población trabajadora "autóctona" más precaria tampoco participaba en las asambleas ni estaba movilizada con anterioridad (2012: 352). Partiendo de este contexto, el objetivo de este libro es aportar elementos para analizar el lugar que ocupan en la sociedad española del siglo XXI aquellas personas que son definidas como musulmanas[2] y cuya presencia en la sociedad se ha hipervisibilizado,[3] aunque sus voces apenas se escuchan (Téllez y Madonia, 2018). Como veremos, sus prácticas de ciudadanía están determinadas en gran parte por razones asociadas a la discriminación que sufren en su cotidianidad.

De acuerdo con las estimaciones sobre la población musulmana en España publicadas por el Observatorio Andalusí en 2023,[4] se supone que en el año 2022 un 4.7% de la población total de habitantes (españoles y extranjeros) es musulmana. De estas casi 2.350.000 personas, más de 1.027.000 tienen la nacionalidad española y, por tanto, su pleno acceso a los derechos políticos, personales y europeos está legalmente reconocido. En este se incluye, entre otros, el derecho al voto y ser votado/a en elecciones generales o autonómicas, ser

---

[2] Generalmente ni siquiera hace falta que estas personas se autodefinan como musulmanas, sino que alguien, casi siempre un no musulmán, considere que lo son. Para no complicar la lectura del libro, en adelante, cuando se usa el adjetivo musulmán o musulmana, debe entenderse que no necesariamente se trata de una autoidentificación como tal.
[3] Más allá de la visibilidad por su apariencia, la hipervisibilización de las personas musulmanas se debe sobre todo a que los medios de comunicación y la sociedad en general relacionan el islam y los musulmanes casi siempre con cuestiones negativas.
[4] Para realizar sus estimaciones, el Observatorio Andalusí (que depende de la Unión de Comunidades Islámicas de España -UCIDE-, una de las principales federaciones musulmanas españolas) emplea como indicador de la musulmanidad de una persona el criterio del país de origen de las y los migrantes y de sus descendientes, independientemente de sus prácticas y/o creencias religiosas. Aunque aceptemos, por no tener alternativa en la actualidad, estas estimaciones, esto no significa que todas estas personas se identifiquen como musulmanas.

ciudadana/o de la Unión Europea y el acceso a ciertos cargos públicos tanto en el Estado español como en Europa.

Ahora bien, con o sin la ciudadanía legal, una gran parte de las y los musulmanes que viven en España lo hacen frente a numerosas desventajas causadas por diferentes prácticas de marginación. El complicado acceso al mercado laboral, especialmente para mujeres que llevan el hiyab[5] (FRA, 2017), las dinámicas de disciplinamiento que aplican algunos centros educativos a alumnas de origen marroquí con hiyab (Mijares, 2014; Ramírez, 2016; Ramírez y Mijares, 2021), la sujeción a determinados mecanismos de control como la vigilancia de mezquitas y de otras actividades comunitarias (López Bargados, 2014) o las continuas paradas policiales por perfil étnico (Douhaibi y Amazian, 2019; García Añón et al., 2013; Lems y Mijares, 2022; SOS Racisme, 2018) son algunas de las prácticas que dificultan la capacidad de actuar de una parte de las poblaciones musulmanas y que repercuten en una invisibilidad política, a pesar de varias décadas de lucha por parte de la sociedad civil musulmana en España por su reconocimiento como iguales en la interacción social, económica y política (Guía, 2014; Planet, 1998; Téllez, 2011).

Desde que el Estado español reconociera, en 1984, a las confesiones judía y evangélica y en 1989 a la confesión islámica como religiones de *notorio arraigo*[6] en España, la forma en la que las minorías religiosas son gestionadas por este no es nueva ni desconocida. La incorporación hoy día de determinados colectivos musulmanes en instituciones erigidas para comunicarse como único interlocutor con el Estado se hace de manera análoga a como se hiciera en tiempos pasados la inclusión de otras minorías religiosas. Anya Topolski (2018) sostiene que a partir de la práctica teológica católica de las "intercesiones", las minorías judías en diferentes lugares de Europa tuvieron un representante para tratar con la autoridad los asuntos de su comunidad, llamado el *shtadlan* (en yidis). Aunque antes del siglo XVII la comunidad judía podía elegir ella misma a su representante, a partir del siglo XVII será la autoridad quien nombre al *shtadlan*, incluso sin consultarlo con la propia comunidad representada (Topolski, 2018: 2184). De esta manera, se obligaba a una población heterogénea a organizarse en una estructura de poder homogenizada vertical y controlada. Como afirma Topolski (2018: 2181), se trata de un mecanismo político y estructural de gestión de minorías que busca negarle al "otro" su agencia y por ende su potencial resistencia: a través de este sistema de representación la autoridad consigue silenciar las voces que están en desacuerdo con su gestión.

En las últimas décadas, y sobre todo a partir de las migraciones desde el norte de África, han tenido lugar procesos parecidos en relación con las

---

[5] El hiyab, en árabe حجاب (literalmente, cubierta o cortina), es el pañuelo que pueden llevar algunas mujeres musulmanas y que cubre su pelo.
[6] Véase el art. 7.1 de la Ley Orgánica 7/1980.

comunidades musulmanas que viven en los diferentes países de Europa. En el caso español, en 1992 fue creada la Comisión Islámica de España (CIE), después de varios años de negociación sobre el contenido de la cooperación entre el Estado y representantes de las comunidades islámicas españolas, para funcionar como única interlocutora con la Administración con el fin de firmar el Acuerdo de Cooperación (Ley 26/1992) y realizar el seguimiento de su cumplimiento. El marco legal establecido por la Constitución Española, la Ley Orgánica de Libertad Religiosa y el mencionado Acuerdo de Cooperación del Estado con la CIE firmado el 10 de noviembre de 1992 (Ley 26/1992) otorga a las personas musulmanas residentes en España (no se precisa la nacionalidad española) una serie de derechos relacionados con su religión y con la preservación y el fomento del patrimonio histórico y artístico islámico. Estos derechos incluyen derechos individuales, como el reconocimiento a efectos civiles del matrimonio celebrado según el rito islámico y, sobre todo, derechos colectivos, como la educación religiosa islámica y la disponibilidad de un menú halal[7] en los centros educativos públicos y concertados, la asistencia religiosa en hospitales, prisiones o en el ejército, así como el establecimiento de lugares de culto y cementerios islámicos (Contreras Mazarío, 2018). No obstante, treinta años después de la firma de este Acuerdo de Cooperación la mayoría de dichos derechos religiosos no son respetados. Como la crisis de la COVID-19 puso de manifiesto, el 95% de las comunidades islámicas no disponía de espacios en un cementerio para los enterramientos islámicos; en numerosas comunidades autónomas no se atienden las solicitudes de educación religiosa islámica presentadas por familias musulmanas y en todo el territorio estatal hay únicamente un imam[8] - en la Comunidad de Madrid y desde el 2021- que, como tal, preste asistencia religiosa en el ejército (Observatorio Andalusí, 2022).

Aparte del incumplimiento de los derechos religiosos y de los mecanismos discriminatorios como el complicado acceso al trabajo y a la vivienda, diversos informes anuales sobre la islamofobia[9] en España y Europa advierten de un incremento de delitos de odio antimusulmán (FRA, 2017; PCCI, 2018), así como de la presencia de un discurso islamófobo propagado por una parte de las y los políticos y de los medios de comunicación (Ali, 2020, 2021; OIM, 2019). Además, las imágenes estereotipadas con que las poblaciones musulmanas son presentadas en los medios vienen a veces legitimadas por un discurso académico que tiene un papel importante en la esencialización, tanto del islam como de las personas musulmanas (Ramírez, 2014).

---

[7] Halal (en árabe حلال) significa literalmente cosa lícita o acto legítimo y se refiere a lo que no está prohibido en el islam.
[8] En el islam sunní, el imam (en árabe إمام) es la persona que dirige la oración (colectiva) del viernes en la mezquita o el dirigente religioso de la comunidad.
[9] Para una explicación detallada del concepto de islamofobia, véase el capítulo 2.

Para comprender las dinámicas de inclusión y exclusión existentes en una sociedad y para describir la manera en la que las personas se relacionan con las autoridades, el concepto de subjetividad política resulta de gran utilidad. Los análisis sobre subjetivación política señalan los procesos mediante los que una persona o un grupo de actores se sitúa en una posición desde la cual ganar voz y reclamar sus derechos (Krause y Schramm, 2011). Partiendo del nuevo ciclo político que se inicia tras el 15-M, este libro, que se basa en los resultados de una investigación doctoral llevada a cabo entre los años 2016 y 2020,[10] tiene por objeto averiguar qué lugar ocupan las personas musulmanas y hasta qué punto las diferentes prácticas discriminatorias que sufren diariamente han contribuido a activar una posición subjetiva "musulmana" desde la que pueden tomar la palabra para demandar sus derechos y justicia social. Con tal fin, se realizó una investigación con técnicas de investigación cualitativa como la observación participante, la participación observante y la entrevista semiestructurada. Asimismo, los datos se han ampliado con la búsqueda complementaria de información mediante la revisión bibliográfica y la etnografía virtual. Con esta metodología se buscaba dar respuesta a las siguientes preguntas: ¿De qué forma y desde qué parámetros participan en las transformaciones de las esferas públicas? ¿Cómo se incorporan a una posición desde la cual reivindicar sus derechos individuales y/o colectivos, civiles y/o religiosos? ¿Qué es lo que reivindican y a quién se dirigen estas reclamaciones? ¿Quiénes otorgan (o no) el reconocimiento de su subjetividad política y en qué casos se produce?

La producción de conocimiento *sobre* musulmanes o de representaciones públicas *de* musulmanes y la calificación *como* musulmanes a personas y colectivos previamente llamados inmigrantes (Brubaker, 2013: 5) conlleva una gran responsabilidad para los académicos e intelectuales a la hora de "evaluar los procesos, dando vida pública a los mismos" (Fassin, 2011: 425). Esto es aún más relevante en el clima actual en el que cuestionar la identidad y/o subjetividad de las personas musulmanas a través del prisma de la seguridad ha ganado credibilidad, plausibilidad y hasta respetabilidad entre un público muy amplio (de Koning, 2019). Por lo tanto, en este trabajo la propia categoría de "musulmán" o "musulmana" será objeto de análisis para ahondar en su dimensión política e ir más allá de la mera asociación de dichas poblaciones con las reclamaciones identitarias religiosas. El último fin es contribuir a una comprensión más crítica y menos estigmatizadora sobre el islam y las personas musulmanas que viven en España.

Para abordar estas cuestiones, el libro se divide en dos partes y en un capítulo en el que se presentan las conclusiones. La primera parte, *El derecho a reivindicar*

---

[10] Investigación que se ha realizado en el marco del Programa de Formación de Profesorado Universitario del Ministerio de Educación mediante la ayuda FPU15/01243.

derechos, está estructurada en tres capítulos. El capítulo 1 presenta la formación de las esferas públicas contemporáneas como espacios en los que se negocia el bien común, así como las diferentes estrategias de grupos e individuos para alcanzarlo. Se señala cómo el análisis de los procesos de subjetivación política ayuda a descifrar el papel de los actores involucrados y las prácticas de cada parte en la movilización del poder comunicativo a fin de conseguir o impedir cambios estructurales en la esfera pública hegemónica. En el capítulo 2 se explica cómo las dinámicas de producción y marcaje de la diferencia, es decir, los mecanismos racializadores, influyen en las opciones de actuación y participación de determinadas poblaciones subalternas, limitando su capacidad de tomar la palabra y ser escuchadas. En el capítulo 3 se expone cómo se han seleccionado los entornos de la esfera pública donde se ha realizado el trabajo de campo etnográfico para indagar en la naturaleza, la elaboración y el desarrollo de las reivindicaciones de las poblaciones (percibidas como) musulmanas que viven en España. Se explica cómo, en una primera fase de la investigación, el estudio en profundidad de los datos producidos con seis grupos de discusión llevados a cabo en octubre de 2016, ha orientado el diseño y desarrollo de la fase etnográfica, en la que se han empleado técnicas de investigación cualitativas como la observación participante, la participación observante y la entrevista semiestructurada. Lo observado en el campo ha sido complementado con los datos producidos con la etnografía virtual y la revisión bibliográfica. La segunda parte, *¿Quién, dónde y cómo? Reivindicaciones y prácticas de participación*, se divide en cuatro capítulos y contiene el análisis del material obtenido durante el trabajo de campo. El capítulo 4 explora la diversidad de voces que luchan en el Estado español contra la discriminación antimusulmana, así como el contenido de sus reclamaciones. Además, se analiza a quiénes se dirigen las demandas y qué alianzas se construyen con el fin de visibilizar la islamofobia. Veremos cómo las estrategias alternativas para combatir la discriminación antimusulmana, ante la falta de reconocimiento como interlocutores válidos en la esfera pública hegemónica española, se dirigen a la formación de distintos contrapúblicos subalternos (locales, transfronterizos, musulmanes, antirracistas, etc.). En el capítulo 5, se estudian las actividades y estrategias de una asociación madrileña de mujeres de origen magrebí que, desde la Cañada Real Galiana[11] (Comunidad de Madrid), tiene como principal objetivo mejorar la situación socioeconómica de sus familias. En este espacio particular, olvidado por muchos, se aprecia cómo las diferentes administraciones y las ONG, que también trabajan en el barrio, siguen tratando a estas mujeres no como potenciales

---

[11] La Cañada Real Galiana es una de las zonas más desfavorecidas de la Comunidad de Madrid. Ocupa unos 16 kilómetros y se reparte entre los municipios de Madrid, Coslada y Rivas Vaciamadrid. Véase también el capítulo 5.

actrices de cambio, sino como objeto de sus políticas, lo que se contradice con la realidad de mujeres que emprenden o están involucradas en numerosas iniciativas, tanto en su vecindario como en los municipios de Rivas y Madrid. En el capítulo 6, se analiza el devenir de una asociación española de jóvenes musulmanas que, en los últimos años, se han cansado de responder a las interpelaciones por parte de la sociedad mayoritaria y que han decidido cambiar el objetivo de sus actividades. Hartas de sentirse obligadas a mostrar la compatibilidad entre ser españolas y musulmanas, estas mujeres prefieren dedicar su tiempo, medios y energía a los proyectos que les interesan y que ellas mismas definen y desarrollan. El capítulo 7 se ocupa de la política representativa. En este capítulo se indaga en las distintas iniciativas de participación emprendidas en el espacio electoral por actores individuales y colectivos, algunas explícitamente definidas 'de inspiración islámica'. El análisis muestra que la mayoría de las personas musulmanas que tienen responsabilidades y participan en la política representativa, lo hacen como cualquier otro ciudadano o ciudadana que vive en un país con libertad religiosa. Después del último capítulo, se presentan las conclusiones, tras las cuales se ha incluido un anexo con información complementaria sobre las diferentes técnicas cualitativas empleadas en la investigación: el grupo de discusión, la observación participante y la entrevista semiestructurada.

Parte I.
El derecho a reivindicar derechos

Capítulo 1

La esfera pública y la reivindicación de derechos

> "All domination is arbitrary and its success depends on its ability to conceal its arbitrariness [...] The moment the dominated, stigmatized, oppressed, marginalized and disfranchised agents expose the arbitrary, they realize themselves as groups and constitute themselves as political."
>
> Engin F. Isin, *Becoming political*, 2002: 276

La formación de las esferas públicas

La esfera pública puede definirse como la arena en la que se elaboran y discuten las nociones heredadas de justicia y orden social, y donde múltiples relaciones entre diferentes grupos de interesados coexisten y se transforman (Salvatore, 2007). Lo público remite aquí al área de la vida social más allá de las instituciones, mercados, individuos o grupos organizados (Nash, 2014) y se refiere al espacio entre la esfera familiar y la que está regida por las autoridades políticas. Es un espacio en el que se negocia el significado del "bien común", así como las virtudes, obligaciones y derechos que los miembros de una sociedad necesitan tener para que se pueda alcanzar ese bien común (Eickelman y Salvatore, 2002). De forma parecida, James Tully (2012) describe las esferas públicas como las prácticas de negociación entre los gobiernos de turno, los ciudadanos ya reconocidos y otros ciudadanos que buscan ser reconocidos como tales. Puesto que se encuentran en constante transformación, las esferas públicas son, serán y siempre han sido variadas y variables, con una multiplicidad de voces y formas de participación (Tully, 2012: 170).

Para que sea posible una participación reflexiva, inclusiva y también efectiva con el objetivo de construir el bien común en la esfera pública contemporánea, es imprescindible que exista cierto pluralismo, al menos implícito, formando la base desde la que construir el acceso a ese espacio discursivo público (Nash, 2014). En 1989 fue traducido al inglés el concepto de *Öffentlichkeit* de Jürgen

Habermas (1962) como *public sphere*[1] y de ahí se ha recibido en español como esfera pública y para denominar con ese término al espacio comunicativo en el que se produce la opinión pública. Concebido como herramienta para ampliar nuestro entendimiento sobre los flujos de comunicación dentro de una comunidad política y contribuir con ello a una teoría crítica de la democracia, en el desarrollo de la teoría de la esfera pública la noción de comunidad política se interpretó casi exclusivamente como un proyecto ubicado dentro de las fronteras del estado-nación. No obstante, la formación de esferas públicas no solo tiene lugar en los sistemas políticos representativos, sino también en los contextos sociales que carecen de instituciones de representación, siempre que haya cierta transparencia en la comunicación entre los diferentes actores involucrados en el proceso (Salvatore, 2009: 187). De hecho, como explica Nancy Fraser (1990; 2014), existen simultáneamente diferentes esferas públicas y muchas traspasan las fronteras del estado-nación: pueden estar separadas o solapadas; ser nacionales, globales o locales; institucionales o informales; religiosas, laicas o una mezcla de ambas; pequeñas, medianas o amplias; las que surgen de procesos performativos o de formaciones de opinión; las hegemónicas o las formadas por 'contrapúblicos'.[2]

El papel de las creencias religiosas

Otro factor importante para tener en cuenta en la formación de las esferas públicas contemporáneas son las creencias y las prácticas religiosas. Estas han jugado y siguen aún jugando un papel dinámico y a menudo constructivo en los procesos internalizados por los individuos que buscan alcanzar el consenso (Eickelman y Salvatore, 2002). Teniendo en cuenta que la actividad social y comunicativa de las esferas públicas puede, a su vez, modificar las normas tradicionales y las interpretaciones de conceptos como la justicia y el orden la cuestión de la religión aparece también en escena. Armando Salvatore (2007) insiste en el rol que tienen las tradiciones religiosas en la formación conflictiva de las esferas públicas modernas. Dicho autor señala que la aparición de nuevos actores culturales y políticos en sociedades que han tendido a definirse como homogéneas demuestra un potencial de democratización, a la vez que puede intensificar la confrontación con regímenes políticos modernos. En este sentido, las distintas expresiones de identidades musulmanas pueden causar nuevas esferas (contra)públicas, mientras el poder coercitivo e institucional del Estado puede, tanto facilitar, como limitar, este potencial (Salvatore, 2012: 347). De hecho, para Nilüfer Göle el potencial democrático de las esferas públicas

---

[1] El título de la obra original "Strukturwandel der Öffentlichkeit" (1962), fue traducida al inglés como "The Structural Transformation of the Public Sphere" (1989).
[2] El concepto de *counterpublic* fue acuñado por Felski en 1989.

participativas está siendo socavado por la tendencia de los poderes políticos de controlar la esfera pública mediante leyes, reglamentos y otras estrategias con el fin de imponer el orden y la vigilancia (2015: 24). Pueden servir como ejemplo determinadas políticas y discursos laicistas (Asad, 2003; Gil Flores, 2019; Mahmood, 2016) o las normas relativas al espacio público de diversos países europeos, que imponen una agenda sobre la sexualidad complicando las posibilidades para las personas musulmanas de erigirse como ciudadanas (Bracke, 2016; Göle, 2017). Al respecto Göle indica que la hipervisibilidad del pañuelo, su instrumentalización y la cobertura que recibe en los medios de comunicación configuran el prisma que dificulta la participación política de las mujeres con hiyab (2017: 2571). En esos casos, el papel de los medios de información y comunicación puede influir negativamente respecto a determinadas personas o grupos de actores, pero a veces también tienen la capacidad de funcionar como apoyo infraestructural cuando promueven formas de solidaridad o establecen nuevas dimensiones espaciotemporales de la esfera pública, incluso para aquellas personas que por miedo, coerción o necesidad viven fuera del entorno visual (Butler, 2016: 14). Para alcanzar una mejor comprensión de las transformaciones en las esferas públicas contemporáneas, el análisis de los procesos de subjetivación política ayuda a descifrar el papel de los actores involucrados, sus acciones, ideas y creencias y qué estrategias emplea cada parte a fin de conseguir o impedir cambios estructurales en la esfera pública hegemónica. De acuerdo con Schramm *et al.* (2018: 252), el poder de la subjetividad política como concepto analítico se encuentra precisamente en la tensión entre el reconocimiento y el no reconocimiento de las reivindicaciones de derechos promovidas por individuos y grupos de actores.

El derecho a reivindicar derechos

Las reivindicaciones pueden hacerse por una infinidad de causas, aunque el fin último casi siempre es terminar con prácticas que se consideran injustas. Puede tratarse de reclamaciones que buscan limitar el poder de un gobierno o de determinadas instituciones (inter)nacionales, a la vez que exigen que dichos poderes asuman su responsabilidad. También pueden ser demandas que piden la aplicación de los derechos a favor de la libertad, educación y sanidad pública o en contra de la discriminación y la pobreza. Para que haya justicia social, explica Nancy Fraser (2010), hace falta tener en cuenta tres dimensiones que están entrelazadas entre sí: la económica, la cultural y la política, y cuya paridad participativa se concreta en principios básicos como son (i) la redistribución, es decir, los recursos materiales deben distribuirse de tal manera que aseguren la independencia y voz de todas las personas participantes; (ii) el reconocimiento, en el sentido que las y los participantes en la sociedad deben disponer del mismo respeto y de oportunidades iguales para conseguir la valoración social y (iii) la representación, es decir, todos los actores sociales tengan una voz política equivalente (2010: 365). En un trabajo anterior sobre las reivindicaciones por parte de grupos subordinados social y económicamente, Fraser (2000) argumenta que para superar tanto la subordinación cultural como la económica, y para evitar que la lucha por el reconocimiento identitario termine desplazando las posibles luchas por la justicia económica (o al revés), es preferible reclamar políticas basadas en el estatus social de las personas, ya que estas buscan la aceptación del individuo como igual y como miembro pleno en la interacción social (2000: 119).

Basándose en "el derecho a tener derechos" de Hannah Arendt,[3] Engin Isin interpreta la noción de la ciudadanía como "el derecho a reivindicar derechos".[4] Más allá de la ciudadanía como el estatus jurídico de posesión de una nacionalidad, el autor propone entenderla como un proceso performativo de subjetividad política (2009: 383) para centrarse en las luchas por la justicia. Abordando el concepto de la ciudadanía a partir de determinados "actos",[5] debe analizarse no solo lo que las personas hacen, sino también cómo las cosas que se hacen rompen con el habitus, es decir con sus normas, rutinas, rituales, etc. (Isin, 2012: 110). El autor subraya que, si hoy en día en una parte del mundo existe el acceso a la justicia y a los derechos culturales, sociales, económicos, sexuales, etc. se debe precisamente a las luchas previas desarrolladas como sujetos políticos a favor de dicho acceso (Isin, 2012: 109). En este mismo sentido se expresa Carmona Hurtado, quien considera que, sin las luchas de emancipación, la esfera pública se encogería hasta desaparecer (2018: 307). Mediante la reivindicación de derechos se configura la subjetividad política de las personas y de los grupos. No obstante, hay que tener en cuenta que las subjetividades políticas no son posiciones fijas, sino que pueden expresarse de múltiples modos dependiendo, como explica también Krause (2018), de diferentes escalas de reconocimiento y siempre con carácter relacional.

La reivindicación de derechos es una práctica social y política que, si se basa en una participación política continuada, permite cuestionar y reinterpretar el significado de lo que constituye (o no) el bien común (Zivi, 2012). Las reclamaciones de derechos no son meras pronunciaciones o actos separados, sino que componen un conjunto dinámico, en constante transformación, de ideas y

---

[3] Arendt, 2005.
[4] "The right to *claim* rights" (Isin, 2012: 109).
[5] Para Isin tratar la ciudadanía como estatus o "prácticas y *habitus* (Bourdieu, 2016)" implica centrarse en el orden establecido, mientras que un enfoque en los actos permite fijarse en las personas que, no teniendo el status de ciudadano/a, se comportan como tales y reivindican sus derechos.

creencias, normas, rituales y otras prácticas.[6] Según Zivi, al hacer reivindicaciones, nos esforzamos en pensar cómo persuadir al otro, pidiendo a nuestros interlocutores que juzguen por su cuenta más que exigir simplemente que acepten nuestro punto de vista y, de esta forma, se crean nuevas formas de pensar y ser, modificándose las fronteras entre comunidades (2012: 119). En este sentido, la práctica de reivindicar derechos no consiste (únicamente) en reclamar el reconocimiento de lo que se es, sino de quién se es, y más importante, de quién se puede llegar a ser (Zerilli, 2005: 121).

La pertenencia y sus proyectos

La subjetividad política está muy relacionada con la noción de pertenencia y permite tener en cuenta, junto con la dimensión formal de ciudadanía, el apego emocional en las relaciones formalizadas con el Estado y otras formas institucionalizadas de autoridad que sienten los individuos. Yuval-Davis (2011) enseña que el concepto de la "pertenencia" debe distinguirse del de "políticas de pertenencia". La pertenencia a secas siempre es un proceso dinámico, que guarda una estrecha relación con el apego emocional y que puede englobar simultáneamente sentimientos positivos (por ejemplo, sentirse en un espacio seguro) y negativos (estar enfadada o avergonzada). Aparte del apego emocional, la autora (2011: 5) señala otras dos grandes facetas analíticas que, en su conjunto, construyen el concepto de la pertenencia social y política, como son la ubicación social y el sistema de valores éticos y políticos. Cada persona vive el sentimiento de pertenencia de una forma diferente, siendo perfectamente posible que personas que consideran que pertenecen al mismo colectivo y a la misma ubicación social estén valorando de manera distinta su pertenencia, tanto cuantitativa -en importancia- como cualitativamente (2011: 6). Para Yuval-Davis, este tipo de pertenencia forma parte de nuestras prácticas diarias y se articula únicamente cuando de alguna forma se ve amenazada (2011: 4). Respecto a las "políticas de pertenencia", estas consisten en proyectos específicos que tienen como objetivo la creación de pertenencia entre determinados colectivos, a la vez que contribuyen a construir a estos colectivos de forma concreta y dentro de unas fronteras específicas, a veces físicas, aunque siempre simbólicas (Yuval-Davis, 2011: 3 y 5). La cuestión de las fronteras, o líneas de separación entre grupos de actores responsables del "nosotros vs. ellos", es esencial en las políticas de pertenencia: los poderes políticos hegemónicos se dedican a mantenerlas y reproducirlas, mientras que otros agentes políticos las desafían y las resisten (Yuval-Davis, 2011: 3). La autora considera que el principal proyecto político de pertenencia contemporáneo es la ciudadanía, entendida como la dimensión participativa de ser miembro de una

---

[6] Zivi habla de una "cultura de derechos" o *rights culture* (2012: 11).

comunidad política (cualquiera, no solo un estado-nación), mientras que otros ejemplos de este tipo de proyectos incluyen el nacionalismo, la religión, el proyecto feminista de la "ética del cuidado" o el relativo al discurso de los derechos humanos (2011: 7).

La subjetividad, o agencia, política

Para Rosi Braidotti (2008), la subjetividad política -o, como ella dice, "la práctica social de agencia"- consiste en múltiples actividades micropolíticas de activismo cotidiano y de intervenciones en (y sobre) el mundo que habitamos, para nosotros mismos y para futuras generaciones. Blackman *et al.* (2008) se expresan en un mismo sentido ubicando la subjetividad política en experiencias diarias que se vinculan con momentos clave de politización cotidiana. Precisamente, la combinación de las actividades micropolíticas con una proyección orientada al futuro es la que diferencia la agencia política de otras formas de coexistencia e interacción social (Häkli y Kallio, 2018). Un elemento fundamental de esta agencia es el concepto de la conciencia oposicional, definida por Braidotti (2008) como un estado mental que confiere poder para que los miembros de un grupo oprimido se preparen con el fin de reformar o quebrantar un sistema dominante. Esta conciencia oposicional debe desconectarse de la negatividad y relacionarse, en cambio, con la capacidad de crear posibles futuros (2008: 19). De todas formas, como señalan Häkli y Kallio, la subjetividad política cubre un espacio conceptual muy amplio y el concepto de lo político se ha visto extendido viniendo a significar en la actualidad un espectro ancho de asuntos, eventos, espacios y formas de actuar, afectar e impactar (2018: 3).

La política y lo político

Distinguiendo entre la política y lo político, Mouffe (2005) define la política como el conjunto de prácticas e instituciones con las que se construye un orden que organiza la coexistencia humana en el contexto de conflictividad proporcionado por lo político. Para ella, lo político es la dimensión del antagonismo, es decir, un espacio de poder, conflicto y antagonismo, que es legislativo de las sociedades humanas (2005: 9). Papadopoulos *et al.* (2008: xv) consideran, igual que Rancière (2012: 43), que la política representativa significa mantener el orden (policing). En cambio, lo político aparece, según estos autores, "cuando aquellas personas que no están representadas y cuyas capacidades permanecen imperceptibles surgen dentro de la organización normalizadora del ámbito social" (2008: xv). Son las prácticas diarias para desenvolverse en la vida y las relaciones sociales las que se encuentran en el centro de las transformaciones sociales, por lo que consideran que la fijación en los acontecimientos puede suponer una distracción cuando se estudian las transformaciones. Para ellos, a diferencia de la propuesta de Isin (2012) respecto al análisis de los actos, son precisamente los momentos de la vida social imperceptibles[7] los que constituyen el punto de partida de las fuerzas contemporáneas del cambio y que suelen comenzar con un rechazo inicial hacia algunos aspectos del orden social que parecen ineludibles para gobernar la vida práctica (Papadopoulos *et al.*, 2008: xiii).

Con el fin de alcanzar un pensamiento capaz de captar las posibilidades y de establecer las bases para nuevas formas de existir, Hage (2015) propone una política alternativa (*alterpolitics*) que incluye economías alternativas, otros modos de habitar y relacionarse con la tierra, diferentes formas de pensar y vivir la alteridad. El autor contempla una política alternativa que es complementaria a la "antipolítica", definiéndola como la que se centra (exclusivamente) en derribar el orden establecido mediante las luchas anticapitalista, antirracista, anticolonial, etc., pero que, según Hage, ha fracasado a la hora de construir alternativas a las realidades que buscan deconstruir (2015: 11). No obstante, respecto a la comprensión del concepto de "antipolítica" existen otras interpretaciones como la de Fareen Parvez (2017), quien analiza la resignación que impera en los barrios periféricos de clase obrera de Lyon (Francia),[8] donde las y los musulmanes que viven en precariedad no reivindican nada al Estado. En un contexto de desconfianza social, desolación general y colapso de la sociedad civil, estos hombres y mujeres renuncian a participar políticamente. Lejos de crear o involucrarse en comunidades políticas, la retirada de la vida pública, que Parvez enmarca en el campo de la antipolítica (*antipolitics*), equivale, en este caso, a la expulsión completa de la política. Al quedarse al margen de la sociedad, estas personas y comunidades protegen su esfera privada construyendo una comunidad moral y aceptando la voluntad divina (Parvez, 2017: 4). También en relación con la situación de las personas -leídas como- musulmanas en el ámbito político de Francia, es interesante la adaptación por Marwan Muhammad (2017) del conocido modelo "salida, voz y lealtad"[9] de Albert Hirschman (1970; 1978). Este trabajo de Hirschman explica, entre otras cosas, que levantar la voz por parte de la ciudadanía tiene su coste. No obstante, cuando los ciudadanos se movilizan, el impacto de las movilizaciones supone también un coste para el Estado. Este estará dispuesto a cambiar las políticas que se cuestionan, siempre que el coste de las movilizaciones sea mayor que los beneficios de sus políticas. Basándose en dicho modelo, Muhammad (2017: 241) explica que, ante los obstáculos con los

---

[7] Papadopoulos *et al.* (2008) los llaman "momentos de fuga" (*moments of escape*).
[8] Parvez realizó su investigación comparativa en Francia, en la ciudad de Lyon y en la India, en Hydarabad.
[9] *Exit, Voice and Loyalty* (1970).

que se encuentran en la sociedad y en el sistema político actual, los musulmanes que viven en Francia tienen las siguientes alternativas: (i) Optar por la "lealtad". En este caso implicaría su asimilación, es decir la invisibilización de las personas musulmanas, acompañada por una constante demanda de pruebas de lealtad; (ii) Elegir la "salida". Esta opción implicaría la retirada de cualquier actividad política y social, o incluso la emigración a otro país; o (iii) Tomar la palabra, intentando ganar "voz". Esto podría manifestarse a través de diferentes formas de movilización política asertiva en el escenario público, como musulmanes y ciudadanos en toda su diversidad y expresando constructivamente su participación en la sociedad francesa.

En cuanto a esta última opción, tomar la palabra, y partiendo de la hipótesis de que también en la esfera pública española se están produciendo procesos mediante los que determinados actores buscan incorporarse a una posición para alzar la voz y participar en la sociedad, el siguiente capítulo se dedica a describir las diferentes dinámicas de interpelación y reacción, y cómo estas intervienen en los procesos de subjetivación política.

Capítulo 2

Ganando voz: procesos de subjetivación política

Ganar voz es una forma de describir los procesos de subjetivación política y supone una dinámica mutua de interpelación, articulación y reconocimiento (Schramm *et al.*, 2018: 247). Cualquier intento que se realiza para acceder a una posición desde la cual tomar la palabra -lo que también se llama la agencia política del sujeto- está siempre marcado por los términos en los cuales se aborda al sujeto (Bracke, 2011). Describiendo la noción de interpelación de Althusser como "la producción discursiva del sujeto", Judith Butler (1997) explica que la dependencia de un discurso que nunca hemos elegido es precisamente la que inicia y sostiene nuestra agencia.[1] La interpelación es un fenómeno complejo y ambiguo, puesto que se trata de una dinámica de dominación que simultáneamente revela un proceso de subjetivación: el sujeto surge mediante el reconocimiento o el rechazo de la identificación con la posición que se le ha asignado (Fassin, 2015: 19).

La identificación o clasificación de las personas siempre se hace mediante el uso de términos y/o determinadas interacciones que marcan las diferencias. En este sentido, comenta Braidotti (2018) que

> La diferencia no es nunca una categoría neutral, sino un término que ajusta la exclusión de los derechos de las subjetividades. La diferencia puede ser funcional a la creación de una verdadera categoría de seres vivientes devaluados en cuanto cuerpos marginalizados, de usar y tirar: esos son los cuerpos de los otros sexualizados, racializados y naturalizados, por lo que ser diferentes significa siempre ser *diversos-de* y valer *menos que*. (2018: 81)

La clasificación y categorización de las poblaciones son procesos políticos y producen exclusiones de las estructuras sociales, económicas y políticas.

---

[1] *Subjection consists precisely in this fundamental dependency on a discourse that we never chose but that, paradoxically, initiates and sustains our agency* (Butler, 1997: 2).

La racialización y sus interpelaciones

La clasificación o adscripción como imposición de una diferencia es según Didier Fassin (2011: 422) el acto fundacional mediante el cual se racializa a los individuos y grupos de la población. La racialización es un proceso ideológico mediante el que se construyen fronteras alrededor de determinados grupos sociales que son definidos de forma diferente o racializada (Jacobs, 2017). Se trata de unas prácticas continuadas que atribuyen significados raciales a ciertas personas, acciones, organizaciones y lugares (González-Sobrino y Goss, 2019), a menudo basadas simplemente en un registro visual. Con frecuencia la racialización sucede cuando se les atribuye a los miembros de un grupo un conjunto de características vistas como inherentes, debido a sus rasgos físicos o culturales, por ejemplo, la vestimenta, la lengua o determinadas prácticas religiosas (Garner y Selod, 2015). Dicha atribución de características estigmatizadoras a los individuos de una presunta tendencia grupal contribuye a la formación de categorías raciales que, como ocurre en el caso del antisemitismo y la islamofobia, también puede ser aplicado a minorías religiosas (Meer, 2013).

Combinando las nociones de interpelación y racialización, Hage (2010) define el racismo como el "proceso racial de interpelación" y por consiguiente distingue tres formas de interpelación que construyen el sujeto racializado. En primer lugar, el autor (2010: 121) describe la *no interpelación*, es decir, cuando se ignora e invisibiliza a la persona racializada en el ámbito (semi) público. Ser ignorado o tratado con indiferencia, llamado también "ostracización social", tiene un duro impacto en la autoestima de las personas, minando asimismo los sentimientos de pertenencia de los individuos (Bastian y Haslam, 2010). A este respecto, Téllez y Madonia (2018) han abordado la invisibilización en el entorno madrileño de jóvenes musulmanes que participan en asociaciones. Una segunda adscripción, que suele vincularse más directamente con el racismo, es la *interpelación negativa*. La persona racializada recibe insultos y otras calificaciones negativas, a veces acompañadas con gestos, miradas o actitudes, todo esto contribuyendo a una visibilización dañina y perjudicial de su persona o grupo. Existen numerosas prácticas de racialización que se basan en diferentes interpelaciones negativas, como por ejemplo la criminalización de hombres jóvenes como ladrones o terroristas, o la extranjerización o victimización de mujeres musulmanas que llevan hiyab. En la segunda parte de este libro veremos cómo también en España gran parte de las personas (percibidas como) musulmanas se encuentra sometida a diferentes mecanismos de racialización, como la extranjerización o la criminalización. Autoras como Al-Saji (2010) señalan que la construcción por parte de la sociedad no musulmana de la imagen de la mujer que lleva hiyab como pasiva, víctima de su entorno y sin voz, refuerza precisamente su supuesta falta de subjetividad, una dinámica que Al-Saji denomina *de-subjectification* (2010: 877). De acuerdo con Nisha

Kapoor (2015: 106), la clasificación de los individuos como terroristas contribuye al disciplinamiento de las poblaciones cuando otras categorías raciales más explicitas ya han perdido su aceptación social. Además, todas estas interpelaciones principalmente hechas por ciudadanos e instituciones no musulmanas se retroalimentan en un proceso continuo que les construye como objeto de miedo o control (Ramírez, 2011: 143) y con todas las consecuencias para sus sentimientos de pertenencia a la sociedad en la que viven. Un tercer modo de racialización identificado por Hage, es la *interpelación errónea*[2] que tiene un impacto aún más traumático en las personas racializadas (2010: 125). La *interpelación errónea* ocurre cuando alguien cree que ha sido aludido, pensando que forma parte del colectivo al que se alude. No obstante, cuando la persona racializada responde a la llamada, se da cuenta que no fue dirigida a ella (2010: 122). Esta experiencia violenta de sentirse rechazada (puesto que previamente no era consciente de ser/estar excluida) tiene un impacto negativo muy profundo en los sentimientos de pertenencia y en la autopercepción (Bastian y Haslam, 2010).

Reacciones al discurso hegemónico

¿Qué opciones de reacción quedan ante un discurso que no se ha elegido pero que marca y categoriza? En su trabajo sobre los debates públicos relativos a las políticas seculares y sexuales en los Países Bajos, y sobre cómo estos debates interpelan a las mujeres musulmanas como 'sujetos del debate', Sarah Bracke (2011) indaga en las posibilidades y condiciones que estas jóvenes tienen a su alcance para responder. La autora identifica varias formas de reacción ante el discurso hegemónico que juzga a estas mujeres como sumisas, pasivas y no emancipadas. Una opción de la que disponen estas mujeres es *rechazar* la interpelación y *cuestionar* los términos en los que son interpeladas, tanto en general como de manera específica, por ejemplo, cuestionando la posición de autoridad de la persona que realiza la interpelación (Bracke, 2011: 38). Contestando al discurso dominante y *atreviéndose a discrepar* (Hooks, 2015), la persona racializada, en su lucha por ser valorada (Hage, 2010: 122), podría convertirse en lo que Althusser denomina el "sujeto malo, quien en ocasiones provoca la intervención [...] del aparato estatal" (Althusser, 2001: 123). Parecida a esta reacción, está el rechazo a la adscripción racial descrito por Didier Fassin (2011: 424) adoptando a la vez el estigma como instrumento de combate. Procesos de estas características han sido identificados por ejemplo en el Reino Unido donde jóvenes musulmanes se valían de una "identidad musulmana asertiva", en palabras de Jacobson (1998: 33), para contrarrestar la exclusión y subordinación a la que estaban siendo sometidos. Otros ejemplos son el término

---

[2] *Mis-interpellation* (Hage, 2010).

de *indigène* (nativo/a) usado por el *Partie des Indigènes de la République* (PIR)[3] o la apropiación del insulto *beur*[4] por los propios colectivos en Francia, para captar ese sentido de alteridad que viven las personas de origen inmigrante poscolonial (Silverstein, 2018: 11) o la etiqueta "moro" reapropiada por el *Movimiento Moro Antirracista* (uMMA)[5] en España.

Otra opción es *abrazar* los términos de la interpelación y *asumir* la posición del 'otro', no tanto porque la persona interpelada esté de acuerdo con la terminología aplicada, sino porque se siente cada vez más consumida por las incesantes adscripciones negativas que le hacen sentir reacia a contestar (Bracke, 2011: 41). La aceptación de la posición del "otro" permite al mismo tiempo la posibilidad de otorgar una interpretación y un significado diferentes a los términos de la interpelación. El análisis de Bracke señala que así puede abrirse el campo discursivo para que el concepto de emancipación reciba otro significado, en este caso mediante la insistencia en una forma de emancipación islámica (2011: 41).

Un tercer modo de reaccionar que ha identificado Bracke consiste en *ignorar* la interpelación, a la vez que se rechaza dedicar cualquier esfuerzo a la negociación de los términos del discurso hegemónico. No entrar al debate puede estar motivado por diferentes razones, incluyendo la falta de tiempo o el miedo. En el estudio de Bracke, una mujer ignoró el discurso porque prefería dedicar su energía a participar activamente en una asociación religiosa. También Fassin (2011), en su análisis sobre las actitudes que teóricamente pueden esperarse ante cualquier forma de categorización racial acompañada de prejuicios, identifica esta reacción que consiste en ignorar o fingir que se ignora dicha adscripción.

Una cuarta reacción, muy minoritaria[6] en el estudio de Bracke, es el silencio. La persona racializada considera que su margen de maniobra en relación con el discurso hegemónico es tan limitado, que la única alternativa viable es recurrir al silencio (Bracke, 2011: 43), aunque se queda con el deseo de un discurso alternativo. Como veremos más adelante, mantenerse en silencio es con frecuencia la única alternativa para gran parte de las personas musulmanas en España, sobre todo para las que no tienen la nacionalidad española.

---

[3] Fundado en Francia por Houria Bouteldja y Sadri Khiari en 2005.
[4] Cuenta Mateo Dieste (2017: 17) que hasta da nombre a una emisora de radio (*Beur FM*) y una cadena de televisión (*Beur TV*).
[5] https://www.facebook.com/pg/Movimiento-Moro-Antirracista-2239331072767486/ community/ [última consulta: 27 de septiembre de 2020]. Véase también el capítulo 4 sobre este movimiento.
[6] Bracke (2011: 42) escribe "[…] a ghost of a fo[u]rth mode of responding […]".

La racialización de las personas (leídas como) musulmanas

Los procesos de producción y marcaje de la diferencia no son estáticos, sino que cambian según los contextos, conformando los cimientos de las relaciones desiguales de poder. De acuerdo con lo expuesto previamente, el concepto de la racialización y su funcionamiento ayudan a comprender cómo las prácticas continuadas de atribución de características negativas, en este caso a una minoría religiosa, la musulmana, construyen categorías (raciales) y crean fronteras entre diferentes grupos de personas. Cabe recordar aquí que la religión nunca ha estado ausente de la construcción de la "raza" ni del racismo, como demuestran, por ejemplo, los casos de los irlandeses católicos en Estados Unidos y el Reino Unido (Garner, 2003), los moriscos en la península ibérica (García-Arenal y Wiegers, 2016; Martin Corrales, 2002; Soyer, 2013) o los judíos en numerosas partes de Europa (Jansen y Meer, 2020).

En el caso de las personas musulmanas o de aquellas percibidas como tales, su racialización a nivel micro y macro mediante la atribución de un conjunto de rasgos estereotipados considerados innatos de los musulmanes (Garner y Selod, 2015), persigue, entre otros motivos, su subordinación y marginación. En este sentido, la discriminación resultante es una forma de racismo y así lo definen también Elahi y Khan en su informe de 2017 publicado por el *think tank* británico Runnymede Trust: "La islamofobia es racismo anti-musulmán" (2017: 1).[7] Esta definición explícita como racismo contra las personas musulmanas supuso un cambio importante respecto a la interpretación del concepto en el informe anterior, publicado en 1997 con el título "*Islamophobia, A challenge for us all*", en el que el Runnymede Trust había descrito la islamofobia como la hostilidad infundada hacia el islam y los musulmanes (1997: 4). El informe de 2017 incluye adicionalmente una definición más larga, entendiendo la islamofobia como

> cualquier distinción, exclusión o restricción hacia o preferencia contra las personas musulmanas (o aquellas percibidas como tales), con el objetivo o efecto de anular o perjudicar el reconocimiento, disfrute o ejercicio, en condiciones de igualdad, de derechos humanos y las libertadas fundamentales en el ámbito político, económico, social, cultural o cualquier otro ámbito de la vida pública" (Elahi y Khan, 2017: 7)[8]

---

[7] *Islamophobia is anti-Muslim racism* (Elahi y Khan, 2017: 1).
[8] Traducción propia del original en inglés: "*Islamophobia is any distinction, exclusion or restriction towards, or preference against, Muslims (or those perceived to be Muslims) that has the purpose or effect of nullifying or impairing the recognition, enjoyment or exercise, on an equal footing, of human rights and fundamental freedoms in the political, economic, social, cultural or any other field of public life*".

También la literatura académica cuenta con numerosos trabajos interesantes sobre los debates terminológicos relativos a la islamofobia.[9] Sin embargo, para Vakil, la importancia del concepto no está en alcanzar una definición exhaustiva del mismo, sino en su utilidad como espacio de discusión y poder, con el fin de establecer un vocabulario político y una base legal de reconocimiento de la islamofobia como categoría social "mayor de edad" (2010: 277). Más allá de la consideración de la islamofobia como resultado de procesos discursivos o ideológicos abstractos, Massoumi *et al.* (2017) optan por analizar el fenómeno del racismo estructural antimusulmán como el resultado de acciones concretas emprendidas para conseguir algún beneficio. Estos autores examinan las prácticas políticas que afectan de modo desproporcionado a las personas musulmanas con un enfoque específico en los agentes e instituciones que desarrollan dichas prácticas. Respecto al Reino Unido, concluyen que el Estado es la columna vertebral del racismo antimusulmán, especialmente como resultado de las actividades de su aparato "contraterrorista" (2017: 22). Otros agentes sociales colectivos esenciales en el origen y la legitimación de la islamofobia son, según Massoumi *et al.*, el movimiento neoconservador; partes del movimiento sionista; el movimiento *counterjihad*[10] y la ultraderecha; así como elementos de movimientos liberales, de izquierda, laicistas y feministas (2017: 17).

Es evidente que ganar voz no es un proceso sencillo y el camino de las reivindicaciones está lleno de obstáculos. Precisamente por eso, Schramm *et al.* (2018: 252) ubican el poder de la subjetividad política como concepto analítico en la tensión entre el reconocimiento y el no reconocimiento de la agencia política de las personas y grupos que luchan por la justicia social. Las diferentes prácticas de categorización y marginación a ciertos colectivos e individuos están íntimamente relacionadas con el reconocimiento o no de su agencia y las prácticas islamófobas no son ninguna excepción. El objetivo de no reconocer la subjetividad política de determinados actores que en sus reclamaciones se definen o son leídos como musulmanes parece ser doble: no solo evita tener que atender a las voces musulmanas que reivindican sus derechos, reforzando así las posiciones de subordinación ya existentes, sino que sirve asimismo para gestionar otras posibles voces disidentes de la población en general. Más adelante en este libro vemos cómo gran parte de la lucha contra la islamofobia consiste precisamente en trabajar para conseguir que el Estado y sus diferentes administraciones reconozcan la existencia del

---

[9] Véase, entre otros, los trabajos de Bravo (2012), Halliday (1999), Rosón (2011), Sayyid (2014) y Sunier (2016).
[10] El movimiento *counterjihad* es una sección de la ultraderecha que se distingue por su hostilidad hacia migrantes, personas musulmanas y el islam (Aked, 2017: 199).

racismo antimusulmán como un primer paso en el desarrollo y la aplicación de las medidas necesarias para combatirlo. Antes de entrar con más detalle en la naturaleza de las diferentes reivindicaciones (segunda parte del libro), el siguiente capítulo explica primero cómo fueron seleccionadas las arenas de la esfera pública donde se ha realizado el trabajo de campo para indagar en la elaboración y desarrollo de las reivindicaciones de las poblaciones musulmanas que viven en el Estado español.

Capítulo 3

Entre la gente: espacios de acción colectiva

Como se ha expuesto en la Introducción, este libro pretende averiguar si en el contexto social y político que surge en el Estado español a partir de 2011, las poblaciones musulmanas están ganando voz en el espacio público y si están contribuyendo a la aparición de la musulmanidad como nueva categoría política. En este sentido, ¿de qué forma y desde qué parámetros participan en las transformaciones de las esferas públicas? ¿Cómo se incorporan a una posición desde la cual tomar la palabra y reivindicar sus derechos individuales y/o colectivos, civiles y/o religiosos? ¿Qué es lo que reivindican y a quién se dirigen estas reclamaciones? ¿Quiénes otorgan (o no) el reconocimiento de su subjetividad política y en qué casos se produce?

Para poder responder a estas y otras preguntas, entre octubre de 2016 y junio de 2020 llevé a cabo un trabajo de campo compuesto de varias fases que no solo se relacionaban con espacios temporales distintos, sino también con el empleo de diferentes técnicas investigativas y tareas analíticas.[1] En este capítulo se explica como el estudio en profundidad de los datos producidos con seis grupos de discusión realizados en octubre de 2016, ha orientado el diseño de la fase etnográfica, en el sentido de que a partir de dicho análisis se han seleccionado los distintos entornos de la esfera pública donde indagar en la naturaleza, la elaboración y el desarrollo de las reivindicaciones de las poblaciones (percibidas como) musulmanas que viven en España.

Una primera fase, preparatoria e imprescindible para la posterior selección de los espacios donde realizar el trabajo de campo, ha consistido en el análisis del material producido en un proyecto de investigación llevado a cabo desde la Universidad Autónoma de Madrid y financiado por el Ministerio de Economía y Competitividad.[2] Mi incorporación al equipo de trabajo me permitió indagar

---

[1] En el anexo se explica con más detalle en qué consisten y cómo se han llevado a cabo dichas técnicas, que incluyen el grupo de discusión, la observación participante y la entrevista en profundidad.

[2] Se trata del proyecto I+D "Participación política, islam y transnacionalidad en el mundo árabo-islámico y en contexto migratorio" [CSO2014-52998-C3-1-P] cuyas investigadoras principales fueron Ana Planet y Ángeles Ramírez, ambas profesoras de la Universidad Autónoma de Madrid. El proyecto finalizó el 31 de diciembre de 2017 y el equipo lo formaron también Adil Moustaoui, Daniel Ahmed Fernández, Daniel Gil-Benumeya, Fátima Tahiri, Laura Mijares, Lucía Ferreiro, Salvatore Madonia, Virtudes Téllez y la autora de este libro.

en los parámetros desde los cuales las y los musulmanes madrileños estaban participando en la esfera pública, ya que uno de los objetivos principales del proyecto era examinar si la acción colectiva de las personas musulmanas de Madrid estaba determinado por su musulmanidad, es decir, por una autodefinición como musulmán (Téllez, 2011) o por el conjunto de representaciones que desde la sociedad no musulmana se tiene de lo que significa ser musulmán (Mijares, 2014).[3] El corpus de los datos producidos con el grupo de discusión, que fue la técnica de investigación de aquel proyecto,[4] me permitió llevar a cabo un análisis en profundidad que descansa en una doble vertiente y que se presenta a continuación.

Subalternidad y reivindicaciones en Madrid

En primer lugar, analizamos[5] si existía una conciencia colectiva subalterna entre las poblaciones musulmanas de Madrid, si la misma estaba basada en la musulmanidad y si, de ser el caso, dicha subalternidad indicaba una organización colectiva centrada en la reivindicación de derechos (Mijares y Lems, 2018). Los grupos de discusión realizados nos permitieron identificar cuatro posiciones discursivas -entendidas como puntos de vista sociales- entre las poblaciones musulmanas de Madrid, cada una identificada con una forma de entender y analizar su propia situación social, a su vez determinada por un tipo de reivindicación diferente. La constatación más evidente fue que entre las poblaciones musulmanas madrileñas existe una fuerte conciencia de subalternidad, pero que esta no está siempre ni únicamente ligada a la musulmanidad. En buena parte de las ocasiones, la extranjeridad, en combinación o no con la musulmanidad, juega también un papel crucial. Es decir, identificarse como musulmán o extranjero no solo es una cuestión de autoidentificación que solo depende de un sentimiento de pertenencia ligado a una práctica religiosa o a una procedencia determinada, sino que, sobre todo, es fruto de las constantes interpelaciones negativas que reciben por parte de ciudadanos e instituciones no musulmanas en España.

---

[3] Para otras interesantes interpretaciones de la noción de "musulmanidad", véase, por ejemplo, Brubaker (2013), Planet (2008) o Sayyid (2014).
[4] Se realizaron seis grupos de discusión en octubre de 2016 que representaron la población musulmana de Madrid, teniendo en cuenta los estudios sobre comunidades musulmanas en el contexto nacional y regional madrileño Madrid (incluyeron personas migradas, descendientes de migradas y nacionales españolas nuevas musulmanas). Véase el anexo (Técnicas cualitativas de investigación) que contiene más información sobre esta técnica.
[5] Parte del contenido de este apartado se publicó originalmente en Mijares, Laura y Johanna M. Lems. 2018. "Luchando contra la subalternidad. Las reivindicaciones de la población musulmana en Madrid." *Revista de Estudios Internacionales Mediterráneos* 24: 109-128.

La primera de las posiciones, a la que denominamos *resignación adaptativa*, era la de aquellos que no concebían ninguna posibilidad de modificar su alteridad subordinada. Entre estos, el discurso mayoritario reflejaba una evidente resignación ante la precariedad y ante las discriminaciones, que les obligaba adaptarse a las circunstancias para sobrevivir.

Aquí no tenemos que exigir. [GDIII][6]

[...] aunque tú tengas la razón, sabes, es tu palabra contra la del policía. [GDIV]

En cuanto a la posición que Mijares y Lems llamamos *supervivencia individualista*, sus defensores reclamaban principalmente un empleo que les permitiera llegar a fin de mes. Formada por todos los hombres migrantes y por una parte de las mujeres que migraron desde el Magreb, la religiosidad musulmana no suponía en absoluto el centro de sus problemas ni de sus reivindicaciones. Se preocupaban, sobre todo, por encontrar vías de mejorar su situación de precariedad socioeconómica y generalmente, sus actuaciones se construían desde la actuación individual. No obstante, sí encontramos una pequeña fracción dentro de esta posición que defendía una organización *colectiva transétnica*, considerando que el factor de unión de los inmigrantes, independientemente de su nacionalidad o religión, era la extranjeridad trabajadora (Mijares y Lems, 2018). La necesidad de movilizarse, aunque minoritaria, era reivindicada cuando señalaban su deseo de ser representados por una persona que compadeciera su situación.

Me gustaría que tenemos aquí voz y...y a alguien que nos representa. [GDII]

[...] Una persona que entiende nuestros problemas y sacarlos a la luz, porque aquí nuestros hijos crecen. [GDII]

Una tercera posición fue la *reivindicación de la diferencia*, que reclamaba la aplicación de los derechos otorgados a las personas y comunidades musulmanas como minoría religiosa de notorio arraigo en el Estado español.[7] Dichos derechos incluían, por ejemplo, la disponibilidad de un menú halal en los centros educativos

---

[6] GD aquí significa grupo de discusión.
[7] Otorgados por la Constitución (de 29 de diciembre de 1978), La Ley Orgánica de Libertad Religiosa (Ley 7/1980), así como por el marco legal establecido por el Acuerdo de Cooperación del Estado con la Comisión Islámica de España mencionado en la Introducción de este libro.

públicos y concertados cuando lo pidiera un número suficiente de familias en el colegio. Por este motivo, una acción habitual entre las personas musulmanas parece ser la reclamación colectiva de ese derecho solicitando a la dirección de los centros escolares medidas para contrarrestar el disciplinamiento al que están sometidas las familias musulmanas.

> Hemos recogido firmas, hicimos una queja a comunidad y todo. La respuesta 'Hay que respetar.' ¿Hay que respetar el qué? [GDI]

La cuarta posición, la *ciudadanía inclusiva*, se compone mayoritariamente de las personas jóvenes nacidas y/o socializadas en España y con estudios universitarios, para las cuales la musulmanidad y la españolidad son perfectamente compatibles. Sintiéndose ciudadanas y ciudadanos de pleno derecho, piden al Estado y a la sociedad española el reconocimiento como participantes iguales a todos los efectos en la interacción social, independientemente de su religión.

Tabla 3.1. Resumen de las posiciones discursivas y sus reivindicaciones

Posición discursiva	Reivindicación principal
Resignación adaptativa	No se reivindica nada
Supervivencia individualista	Empleo (no precario)
Reivindicación de la diferencia	Libertad religiosa, aplicación de derechos religiosos (Acuerdo de Cooperación 1992)
Ciudadanía inclusiva	Reconocimiento como iguales en la interacción social

Fuente: Elaboración propia.

Las posiciones halladas con este análisis muestran varias similitudes con las reacciones identificadas por Bracke (2011) en su estudio sobre las posibilidades de responder por parte de jóvenes musulmanas al discurso hegemónico en Países Bajos. Mientras que la perspectiva denominada *resignación adaptativa* recuerda a la segunda forma de reaccionar descrita por Bracke (véase el capítulo 2) y que consistía en asumir de la posición del 'otro' (2011: 41), la *supervivencia individualista* recurre al silencio por la necesidad de dedicar los esfuerzos y el tiempo a la búsqueda de sustento. No obstante, una fracción dentro de esta posición expresa también el deseo de un discurso alternativo señalado igualmente en el trabajo de Bracke (2011: 43), en este caso, el de una acción colectiva transétnica orientada a defender sus intereses ante la precariedad. A su vez, tanto la *reivindicación de la diferencia* como la *ciudadanía inclusiva* son posiciones desde las cuales se cuestiona el discurso excluyente impuesto, mostrando su rechazo al campo discursivo hegemónico dominado por adscripciones negativas, atreviéndose asimismo a discrepar (hooks, 2015).

Estigmatización y silenciamiento

Ante un campo discursivo dominado por adscripciones negativas y continuas referencias a situaciones de discriminación, llevé a cabo una segunda revisión de los datos con un enfoque específico en las diferentes interpelaciones que afectan a los musulmanes madrileños. Teniendo en cuenta la importancia de las dinámicas entre la interpelación, articulación y el reconocimiento en los procesos de subjetivación política (Schramm *et al.*, 2018), el objetivo de este segundo análisis fue examinar cómo estas poblaciones perciben e interpretan la disponibilidad de opciones de agencia para tomar la palabra y ser escuchadas.

Mi análisis mostraba que la mayoría de las poblaciones musulmanas en Madrid se siente discriminada y estigmatizada en su vida cotidiana. La experiencia de estigmatización se debe principalmente a las *interpelaciones negativas* recibidas por parte de personas no musulmanas, que les hipervisibilizan mediante el abuso verbal y en ocasiones incluso físico. Son igualmente determinantes las *no interpelaciones*, que provocan la "ostracización" social del receptor, infundiéndole un sentimiento de inexistencia y de ser obviado socialmente. Una minoría relativamente pequeña, formada por hombres jóvenes con estudios universitarios y mujeres jóvenes sin hiyab, no se siente personalmente discriminada. Sin embargo, son conscientes de la estigmatización que sufren sus familiares, amistades y otras personas musulmanas. Son numerosos los mecanismos de marginación, incluyendo la extranjerización, la criminalización y la "ostracización" social, empleados sobre todo por parte de personas e instituciones españolas no musulmanas y que reducen las opciones de agencia de las personas objeto de discriminación.

El análisis evidenció asimismo que la identificación como musulmana y/o extranjera no solo depende de una autoidentificación como tal (por un sentimiento de pertenencia a una práctica religiosa o a un origen marroquí), sino frecuentemente es consecuencia de la mencionada estigmatización. Ante situaciones de discriminación, los hombres musulmanes de todos los estamentos sociales reaccionan en general con silencio. Este silencio no puede considerarse una elección por sí mismo: es el resultado de ser silenciado. Entre los hombres y mujeres migradas desde Marruecos, el silencio parece motivado principalmente por el temor a perder el permiso de residencia y/o trabajo, puesto que sin esta documentación no pueden quedarse en España. Los jóvenes musulmanes nacidos en España y de origen magrebí tienen miedo a otras medidas punitivas cuando se les criminaliza como ladrones o incluso terroristas. Mantenerte callado puede englobar además determinadas formas de *selfpolicing* (Selod, 2018) o autovigilancia, que se manifiesta en, por ejemplo, la elección de la vestimenta, el idioma que se usa[8] o el comportamiento en el espacio (semi) público, con el objetivo de minimizar el riesgo de ser racializado. Desanimados a contestar, parece que les quedan pocas alternativas de agencia política. En su discurso colectivo apenas se buscaba el apoyo entre las propias poblaciones musulmanas para combatir la marginación ni se usaba la palabra islamofobia.[9] Esto puede estar motivado porque consideran que otros elementos, como el lugar de nacimiento, la edad, género, y/o una situación de precariedad socioeconómica, son igualmente importantes en la identidad subalterna. También cabe recordar que, en octubre de 2016, fecha en la que se realizaban los grupos de discusión, el término de islamofobia no era aún de uso frecuente.

Cierto es que los resultados de estos dos análisis basados en los grupos de discusión realizados en Madrid en 2016 no son extrapolables sin más a las personas autodefinidas o percibidas como musulmanas en otros lugares del territorio estatal. Sin embargo, han orientado el diseño y la realización de la siguiente fase de la investigación, especialmente en cuanto a la selección de los entornos donde indagar en la naturaleza, la elaboración y el desarrollo de las reivindicaciones de las poblaciones musulmanas que viven en España.

Identificación de espacios de acción colectiva

A partir de 2016 ha proliferado el número de informes anuales sobre islamofobia en los que se muestra el aumento de los incidentes y delitos de odio antimusulmán en España y en otros países europeos. Considerando que desde entonces ha habido también un aumento de las campañas de sensibilización sobre la discriminación en diferentes zonas del territorio estatal pareció prioritario explorar el espacio de la lucha contra el racismo antimusulmán.

Una parte de los musulmanes que viven en Madrid, sobre todo mujeres jóvenes, estudiantes, plenamente socializadas en España, son conscientes de su discriminación continua y omnipresente. Estas jóvenes comparten el deseo de luchar por una valorización, rechazando y cuestionando el contenido y la autoridad del discurso discriminatorio. Puede ser que su estatus como ciudadanas españolas (tener el documento nacional de identidad), el haberse criado y socializado en Madrid, así como su nivel de estudios, les hagan sentir en una posición más fuerte para hacer frente a los procesos de racialización a las que están sometidas. Dichas mujeres expresaban determinadas reivindicaciones,

---

[8] Sobre esta cuestión, véase también Moustaoui (2020).
[9] En alguna ocasión en los mencionados grupos de discusión se usa el término "racismo" para referirse a las situaciones de discriminación que sufren.

como el cumplimiento en la práctica de sus derechos religiosos o el reconocimiento de su estatus como iguales en la interacción social, mientras sienten la necesidad de organizarse colectivamente. A fin de conocer cómo se llevaban a cabo estas reclamaciones, decidí indagar en los diferentes espacios y/o colectivos formados por jóvenes musulmanas donde se insiste en una ciudadanía inclusiva.

Asimismo, mi análisis indicaba que, en ciertos segmentos de hombres y mujeres migradas desde Marruecos a España en una etapa más tardía de sus vidas, existía un discurso que abogaba por la necesidad de movilizarse colectivamente para mejorar sus condiciones de precariedad. El hecho que una parte de los migrantes expresaba la necesidad de un portavoz que les representara, sí apuntaba a un deseo de contestar. De acuerdo con las palabras de Gramsci (1986: 27) respecto al "estado de alarma" en el que viven las clases subalternas, "cualquier brote de iniciativa autónoma es de inestimable valor." Por este motivo, me acerqué a una iniciativa promovida desde 2018 por un grupo de mujeres migradas desde Marruecos y que vivían en una de las zonas más desfavorecidas de la Comunidad de Madrid, que es la Cañada Real Galiana.

Otra arena de la esfera pública que he querido explorar es el de la política representativa en España. De acuerdo con el discurso colectivo de los grupos, las y los musulmanes madrileños constataban que, en general, los políticos españoles no tienen en cuenta los intereses, particularmente los socioeconómicos, de las personas musulmanas, inmigrantes o no. Son invisibilizados precisamente por los partidos políticos, personas y formaciones que deberían representar los intereses de la población en su conjunto. Por este motivo, a lo largo del trabajo de campo he tenido presente este asunto, también en las entrevistas semiestructuradas.

Teniendo en cuenta que las subjetividades surgen en el cruce de las interpelaciones provenientes de diferentes contextos, otro objetivo ha sido explorar las distintas interpelaciones que influyen en y construyen los discursos de los actores del campo de estudio. En consecuencia, durante el trabajo de campo he prestado especial atención a esta cuestión.

Por último y puesto que mi análisis del material discursivo producido con la técnica del grupo de discusión sugirió que las y los nuevos musulmanes[10] no sufren el mismo tratamiento discriminatorio por parte de la sociedad no

---

[10] En este libro se utiliza el término de nuevo/a musulmán/a para referirse a las personas que han abrazado el islam y a las que frecuentemente se denomina conversas. De esta manera, se atiende a las críticas que recuerdan el esencialismo que dicho concepto puede representar al presuponer la existencia de otra pertenencia religiosa previa.

musulmana,[11] he indagado en cómo esto afecta a su participación en el escenario político español y al desarrollo de sus actividades con el fin de averiguar si una menor discriminación puede implicar una mayor participación política.

La entrada en el campo

La mayoría de los acontecimientos a los que he podido asistir durante los años de investigación tuvieron lugar en diferentes municipios de la comunidad autónoma de Madrid (la ciudad de Madrid, Leganés, Fuenlabrada, Rivas Vaciamadrid, Getafe, Collado Villalba, etc.). También he viajado a otros lugares y contextos de la geografía española, para realizar entrevistas o asistir a conferencias u otros eventos organizados, concretamente en Castilla y León, Andalucía y la ciudad autónoma de Ceuta. Desde junio de 2018 a junio de 2020 desarrollé una observación participante en tres asociaciones con sede en la región de Madrid, y que he denominado *Stop Islamofobia*, *Cambio Futuro* y *Juntas por la Mejora*.[12] A continuación, se describen las principales características de cada una de ellas, así como la naturaleza de mi participación en las mismas.

Stop Islamofobia

Después de haber acudido en junio de 2017 a un evento de sensibilización sobre la islamofobia en España organizado por un partido político en un barrio madrileño de la zona noreste de la ciudad, entré en contacto con una de las ponentes del evento, una colaboradora de una ONG dedicada a combatir el racismo antimusulmán. Por el interés que me despertaba su discurso y la organización en la que militaba, le escribí unos días después para pedirle una entrevista sobre su actividad en aquella ONG. Mi interlocutora aceptó y la entrevista tuvo lugar el mismo mes de junio de 2017. A partir de esa fecha quedábamos con cierta regularidad a comer o tomar un café y la temática de la islamofobia y del activismo contra el racismo antimusulmán en España ocupaba siempre una parte importante de nuestras conversaciones. Posteriormente

---

[11] Véase también Moosavi (2015) sobre la discriminación de personas conversas en el Reino Unido.

[12] Basándome en la ética del cuidado y en el principio de "no perjudicar" a las y los interlocutores, especialmente teniendo en cuenta el clima actual de sospecha por parte de la sociedad mayoritaria, en este libro uso pseudónimos para las personas y entidades con las que he tenido una relación más estrecha durante el trabajo de campo (de Koning *et al.*, 2019). Además, puesto que este trabajo no busca posiciones individuales sino los significados de las prácticas de las organizaciones en las que participan, considero que ni sus nombres ni las denominaciones de las entidades son datos imprescindibles (Téllez, 2011).

coincidimos en distintos eventos organizados en Madrid durante el 2018: como ponentes en un seminario sobre islamofobia, en una feria del libro hispanoárabe y en la manifestación antirracista que convoca anualmente la Asamblea Antirracista de Madrid. Por aquel entonces, en septiembre de 2018, tuve conocimiento por primera vez de un nuevo proyecto en el que comenzaba a involucrarse: la creación de una asociación independiente junto a otras personas musulmanas, hombres y mujeres, cuya misión principal sería la lucha en contra el racismo antimusulmán en el Estado español. Después de la manifestación antirracista de Madrid, nuestra relación comenzó a hacerse más estrecha y empezó una época de acompañamiento. En diciembre de 2018 asistimos a una reunión con la Unidad de Gestión de la Diversidad (UGD) de la Policía Municipal de Madrid en la sede de esta Unidad policial, ubicada en un edificio emblemático en el distrito centro de la capital, con el fin de presentar la nueva entidad y averiguar las posibilidades de cooperación. Ese momento, diciembre de 2018, marcaba el comienzo de mi relación formal como voluntaria de la nueva asociación Stop Islamofobia fundada ese otoño.

En septiembre de 2018 un grupo de personas musulmanas españolas de diferentes edades[13] y residentes en diferentes zonas del Estado español (Madrid, Islas Canarias, Cataluña, Melilla, Alicante, etc.) constituyó Stop Islamofobia, una entidad legal sin ánimo de lucro, de ámbito nacional y con sede en Madrid. Algunas de sus fundadoras son nuevas musulmanas, otras lo son por nacimiento y convicción, mientras todas poseen la nacionalidad española. La causa que les une en esta entidad es la defensa de los derechos humanos y la lucha contra todo tipo de discriminación que sufren los individuos y colectivos que se definen como musulmanes o que son leídos como tales por terceros. La entidad es independiente económica y políticamente y sus limitados gastos se sufragan mediante las aportaciones voluntarias de los miembros de su junta directiva. Para poder llevar a cabo determinados proyectos, Stop Islamofobia procura conseguir financiación mediante la presentación, sola o con otras entidades, de propuestas de proyectos a convocatorias de ayudas financieras de entidades privadas o públicas aconfesionales (como fundaciones, otras ONG, instituciones europeas). Como es habitual para la mayoría de las ONG, pocas convocatorias permiten la financiación de los costes operativos de una organización, siendo asimismo complicado el acceso a la financiación del 100% del coste de los proyectos. A estas dificultades se añade el hecho de que esta asociación no esté dispuesta a solicitar financiación a determinadas instituciones (estatales o privadas) que

---

[13] Incluyendo alguna persona veinteañera hasta mayores de 65 años, la mayoría tiene entre 30 y 40 años.

pretenden ejercer control sobre sus actividades o que están involucradas de alguna forma en políticas relacionadas con la "prevención de la radicalización".[14]

Basándome en las observaciones de Wilkinson (2017) sobre el peso del papel de observadora y el de participante, mi implicación en Stop Islamofobia ha sido de participación observante. Wilkinson coincide con Moeran (2007) en que la participación observante (frente a la observación participante) supone un salto en la calidad de los datos obtenidos ya que el/la investigador/a se adentra "entre bastidores",[15] aumentando de esta manera la riqueza y validez de la información recogida sobre las relaciones sociales, las reglas y el funcionamiento de las cosas. Mis tareas en Stop Islamofobia han sido numerosas y casi diarias, incluyendo asistencia a reuniones, mesas técnicas y campañas antidiscriminatorias; reuniones con instituciones locales, nacionales e internacionales para dar a conocer a la asociación; preparación de propuestas de proyectos para su presentación a convocatorias de ayudas financieras para investigaciones; reuniones de trabajo con asociaciones socioculturales para el desarrollo de proyectos conjuntos enfocados en la lucha contra la discriminación antimusulmana; conferencias telefónicas internacionales con entidades musulmanas de otros países para la preparación de reuniones institucionales internacionales; participación en cursos y talleres siempre relacionados con la temática del racismo y los delitos de odio; participación en la preparación de escritos internacionales; traducción y revisión de traducciones al castellano de informes, documentales, vídeos musicales, etc. relacionados con la islamofobia; participación en la preparación y ejecución de proyectos de investigación, etc.

El equipo inicial de Stop Islamofobia contaba con hombres y mujeres en la junta directiva, aunque pronto y después de cierto desacuerdo sobre los niveles de compromiso con la asociación, la junta se convirtió en un espacio exclusivamente femenino. Algunas de sus miembros contaban ya con una experiencia sólida en la lucha contra la islamofobia por su activismo en otras organizaciones o proyectos similares[16] y otras han tenido un perfil público en la política regional. La mayoría tiene una formación universitaria, un trabajo principal y obligaciones familiares, por lo que la dedicación de cada una varía mucho en función del tiempo del que dispone. Debido a que sus miembros viven en diferentes lugares de España (y Estados Unidos), las dificultades para organizar reuniones presenciales regulares se resuelven mediante el uso frecuente

---

[14] Sobre estas políticas en el Estado español, véase Douhaibi y Amazian (2019); Téllez (2018). Respecto al Reino Unido y Países Bajos son interesantes los trabajos de Fadil *et al.* (2019), Kundnani (2009) y Qureshi (2017), entre otros.
[15] Véase Goffman (1990) sobre *front stage* ("escenario") vs *back stage* ("entre bastidores").
[16] Por ejemplo, en organizaciones *Stop als Fenomèns Islamofobs* (SAFI), la *Plataforma Ciudadana Contra la Islamofobia* (PCCI) o *la Asociación Marroquí para la Integración de los Inmigrantes* (Asociación Marroquí).

de grupos de chat en diferentes aplicaciones de mensajería, del correo electrónico y con reuniones por videoconferencia.

Una parte importante de las actividades de Stop Islamofobia tenía lugar en el ciberespacio. La asociación estaba presente en las redes sociales y los diferentes miembros usaban las aplicaciones como WhatsApp como espacio de trabajo común y diario, debido a que vivían en lugares dispersos. La toma de decisiones respecto a casi cualquier asunto relacionado con la asociación se hacía de forma asamblearia a través de este espacio virtual. Asimismo, la cooperación con entidades musulmanas de otros países y las diferentes instituciones internacionales se llevaba a cabo a través de reuniones por internet. Con la pandemia por la COVID-19, esta presencia en el ciberespacio - o tecno-activismo, en palabras de Domínguez et al. (2007)- se vio incrementada. Mi participación en esta asociación musulmana me ha facilitado el acercamiento a otras entidades y personas musulmanas ajenas a Stop Islamofobia y durante un tiempo prolongado he podido conocer -y compartir- las cuestiones consideradas importantes a la hora de realizar las reivindicaciones, así como los sentimientos que acompañan estas luchas. También me ha permitido ser testigo de los numerosos cambios en las vidas, actividades, pensamientos, convicciones y discursos de mis interlocutoras.

Cambio Futuro

Mi contacto con esta asociación de jóvenes musulmanas se remonta al año 2015 y desde aquel momento, he mantenido una buena relación con varias de sus miembros fundadoras, lo que me ha permitido acceder con cierta facilidad a determinados eventos y espacios, algunos abiertos al público, otros en el ámbito privado. Asimismo, estos contactos han posibilitado sin mayor complicación la solicitud y realización de entrevistas semiestructuradas con varias de las miembros del "núcleo duro" entre mayo de 2019 y enero de 2020. Esta entidad, que tiene su sede en Madrid, fue creada en el 2012 por y para mujeres jóvenes musulmanas, nacidas y/o socializadas en España, con el fin de ofrecer un espacio seguro y de apoyo para sí mismas. Surgió principalmente como una reacción contra la mala imagen que se estaba dando del islam y de las y los musulmanes en los medios de comunicación y en los debates públicos. Por ello, estas jóvenes buscaban ofrecer una contranarrativa para mostrar la compatibilidad entre la ciudadanía española y la musulmanidad, intentando reducir los prejuicios existentes, sobre todo los que afectan a las mujeres musulmanas. Desde su comienzo en el 2012 hasta el año 2018, la asociación organizó cada año numerosos eventos, incluyendo actividades deportivas y acciones de voluntariado, sesiones de formación sobre el islam y también sobre temas seculares, así como excursiones por España y viajes al extranjero. Además, con ocasión de su quinto aniversario, en octubre de 2017 se celebró una gran fiesta abierta a todos los públicos, en un edificio municipal de una localidad al sur de Madrid: Durante el evento, que tuvo lugar por la tarde y noche, se repasaron los años de vida de la asociación, alternando breves representaciones teatrales humorísticas con intervenciones más serias. Después de esta fiesta multitudinaria y de una época de cierta internacionalización, fue evidente el descenso del número de los eventos que organizaba la asociación. Aunque durante un año largo -2019- no se organizaron apenas actividades, la realización de entrevistas y las numerosas conversaciones informales con varias socias de la asociación, me ha permitido conocer el curso del proyecto de Cambio Futuro y recabar datos primordiales para este libro.

Juntas por la Mejora

Otra entidad con la contacté durante la investigación es Juntas por la Mejora. El acercamiento inicial a esta asociación constituida en el 2018 por un grupo de mujeres magrebíes que viven en una de las zonas menos favorecidas de la Comunidad de Madrid, la Cañada Real, fue más complicado. En febrero de 2019 conseguí entrar en contacto con una de las impulsoras y la actual presidenta de este proyecto, gracias a la intermediación de un colaborador de una fundación que organizaba actividades en dicha localidad.[17] Las reservas iniciales me parecieron en todo momento lógicas y comprensibles, dado el contexto de estigmatización y criminalización que afectaba especialmente a los y las habitantes de este barrio. Por otra parte, la posición social asimétrica entre las miembros de la asociación y yo podía igualmente estar influyendo en ello (Guasch, 2002: 44). No obstante, después de varias situaciones un tanto incómodas (para mí seguro, pero probablemente también para ellas), la relación se basó en una confianza mutua que perdura hasta la actualidad y que me resulta muy enriquecedora profesional y, sobre todo, personalmente. Como ya he indicado en este capítulo, el interés por este proyecto asociativo estaba vinculado con la posición que expresaba el deseo de una movilización colectiva para mejorar su situación de precariedad socioeconómica. El hecho de que un grupo de mujeres musulmanas procedentes de Marruecos hubiera creado una asociación en 2018 apuntaba a un posicionamiento no individualista, mediante el cual se había comenzado a participar en la esfera pública.

La observación participante en esta asociación ha consistido, entre otras, en la aproximación a y la observación de algunos de los espacios urbanos en los que estas mujeres se mueven: su vecindario, el despacho en la Casa de Asociaciones en Rivas-Vaciamadrid, el aula donde tienen las clases de yoga o el Centro Sociocomunitario de su barrio, donde mantienen algunas reuniones y organizan

---

[17] Agradezco a Daniel Gil-Benumeya por ponerme en contacto con la persona que a su vez me facilitó los datos de contacto de la presidenta de esta asociación.

parte de sus actividades. He asistido a varios de los eventos en los que participan como asociación en el municipio donde se ubica la asociación como la fiesta de asociaciones o una fiesta marroquí en el festival de cine. Durante el confinamiento y parte del verano he mantenido una comunicación frecuente con la presidenta de Juntas por la Mejora por teléfono y por WhatsApp, espacio de interacción mediante el cual me ha informado -mediante audios, imágenes y mensajes escritos- de la actualidad en su barrio y de las actividades en las que ha estado involucrada la asociación durante estos meses. También he podido conocer el ambiente privado de las familias de algunas de las miembros y he asistido a varias reuniones con diferentes ONG que trabajan en aquella zona de Madrid.

En complementariedad con lo observado en el trabajo de campo, a lo largo de la investigación he buscado otros datos textuales y audiovisuales mediante la etnografía virtual y la revisión bibliográfica. El análisis del conjunto de los datos ha permitido que en la siguiente parte de este libro se presenten de modo global las reivindicaciones y formas de participación llevadas a cabo en distintas partes del Estado español.

Parte II.
¿Quiénes, dónde y cómo? Reivindicaciones y prácticas de participación

Capítulo 4

Frente a la islamofobia

"[…] This is Islamophobia
It's not just personal and prejudicial
It's no accident or random fear
It's been cultivated to be here

Have you seen it
in the comments, the headlines, and the tweets?
Have you heard it
in the office, the classrooms, and the streets?

Did you stop it?
Will you next time?
Can you see the larger view?

After all, as the old saying goes,
If you don't stand up for us,
what's to stop them coming for you?"

Suhaiymah Manzoor-Khan, fragmento del poema Islamophobia 101
Postcolonial Banter, 2019

"Nos preocupa mucho la discriminación. Por dos motivos. Uno porque es injusto en sí, el odio es peligroso. Pero también me da miedo que provoque un desentendimiento que lleva a la violencia que puede originar, hacemos veinte años de pedagogía…"

[entrevista Omar, dirigente de asociación sociocultural]

Según señala Sayyid (2010), uno de los principales objetivos de la islamofobia es excluir a todo un grupo de personas de la esfera pública y negarles su agencia. Para luchar contra la discriminación antimusulmana y todo lo que implica, durante la última década y en diferentes zonas del territorio estatal, se han formado varias asociaciones, algunas de las cuales asumen la etiqueta de "musulmana" como base de su resistencia y participación en la esfera pública. Su propósito es tomar la palabra contra la marginación y estigmatización que sufre gran parte de la población musulmana que vive en España.

El comienzo de la lucha

Una de las primeras entidades que se creó en España para trabajar a favor del ejercicio de la plena ciudadanía de las personas musulmanas y en contra de su discriminación fue la Plataforma Ciudadana Contra la Islamofobia (en adelante, la PCCI o Plataforma). Esta asociación, de ámbito nacional y con sede en Valencia, fue constituida en el año 2011 como una iniciativa conjunta del Centro Cultural Islámico de Valencia, Junta Islámica y Movimiento Contra la Intolerancia (PCCI, 2018). La Junta Directiva de la Plataforma la formaban personas (nuevas) musulmanas y no musulmanas vinculadas a dichas entidades. En los primeros años de su existencia, la PCCI participó en numerosos eventos por todo el territorio del Estado español, organizando campañas y concentraciones e impartiendo en talleres y jornadas contenido sobre la islamofobia o sobre la importancia de recuperar la historia islámica de España en los libros de texto escolares. Una de las tareas principales de la Plataforma fue el registro y la monitorización de todo tipo de actos de discriminación contra personas y colectivos musulmanes, prestando asimismo apoyo a las víctimas mediante el acompañamiento y el asesoramiento jurídico. Si la PCCI no contaba con un colaborador o colaboradora cerca del lugar donde había ocurrido el incidente islamófobo, se trabajaba juntamente con otras entidades afines, como el Movimiento contra la Intolerancia[1] o Musulmanes contra la Islamofobia. Esta última es una asociación catalana que nace en 2015 (fue inscrita en el Registro de Asociaciones de Cataluña en febrero de 2017) de la mano de personas de confesión musulmana[2] "[...] con el fin de promover el activismo de los musulmanes en clave comunitaria y cooperativa para encontrar soluciones contra la islamofobia institucional, de los medios, social, en las redes sociales y en forma de extremismo violento" (Musulmanes contra la Islamofobia, s.f.). Sus socios y colaboradores son personas musulmanas civiles, así como algunas entidades y entre sus fundadores destaca el portavoz actual, Ibrahim Miguel Ángel Pérez, nuevo musulmán y candidato en las elecciones municipales de 2015 por el partido *Barcelona en Comú*. La asociación recibe además el apoyo de varias entidades religiosas de diferentes corrientes islámicas y culturales, casi todas con sede en Cataluña (Musulmanes contra la Islamofobia, s.f.).

Volviendo a la PCCI, desde 2014 a 2018 su labor más notoria ha sido la elaboración, publicación y presentación de informes anuales sobre la islamofobia en España. Estos informes, correspondientes a los años 2014, 2015, 2016 y 2017, demuestran cómo los incidentes islamófobos incrementan año tras año, ello teniendo en cuenta que "[...] los datos recogidos en este informe no representan

---

[1] Movimiento contra la Intolerancia dispone de medios humanos y materiales en diferentes zonas del territorio estatal puesto que recibe financiación anual institucional.
[2] De acuerdo con la información disponible en su web, son bienvenidas todas aquellas personas que apoyan el proyecto (Musulmanes contra la Islamofobia, s.f.).

la dimensión real del fenómeno, son los casos de los que hemos tenido constancia por denuncia directa en la Plataforma o por informaciones que nos envían las víctimas y los colectivos vulnerables [...]." (PCCI, 2016: 4). Aunque las publicaciones sirven para concienciar a la sociedad civil en general de la existencia y el aumento de la islamofobia en España, su objetivo principal va más allá, dirigiéndose a las instituciones nacionales e internacionales con el fin de conseguir aquellas modificaciones legales necesarias para que se sancione administrativamente el discurso de odio. Según la PCCI, a efectos de tiempo, recaudación y otros medios, la sanción administrativa es más eficaz que la actual judicialización de los incidentes islamófobos:

> [...] entiendo que ni los abogados, ni los policías...No hay medios. El discurso de odio supera la capacidad del país entero." [entrevista Yasmin, colaboradora PCCI, junio de 2018]

En su lucha contra la islamofobia la Plataforma consideraba importante establecer y fomentar las relaciones con personas y asociaciones pertenecientes a otros colectivos objeto de discriminación, como el gitano o LGBTQ+. Por ejemplo, en la alianza con la Plataforma Orgullo Crítico,[3] cuyos organizadores, como señala Fernández (2019: 160), habían expresado la necesidad de establecer alianzas desde la interseccionalidad y desde el reconocimiento de sus privilegios, se mostraba un apoyo mutuo no solo por compartir experiencias de discriminación, sino también por presentar una contranarrativa al discurso no musulmán que acusa a las comunidades musulmanas de ser homófobas, así como al discurso discriminatorio hacia este colectivo que se produce dentro de las comunidades musulmanas. En la PCCI, la propia religiosidad no formaba parte de las discusiones y reuniones de sus miembros, no era un tema del que se hable.

> Cada una es de su padre y de su madre, y lleva su islam. Desvirtuaría nuestro trabajo en contra de la discriminación y a favor de la plena ciudadanía de los musulmanes en España. [entrevista Yasmin, colaboradora PCCI, junio de 2018]

Entre 2015 y 2017 hubo una época de cierta internacionalización tanto en las redes sociales como en las instituciones. La Plataforma se adhirió en julio de 2015 al movimiento internacional *No Hate Speech*,[4] igualmente asistió en 2017 a la

---

[3] Véase también la tesis doctoral de Daniel Ahmed Fernández, defendida en diciembre de 2019 en la Universidad Autónoma de Madrid.
[4] El movimiento *No Hate Speech* (No al Discurso de Odio) fue lanzado en 2013 como una campaña juvenil y hasta el 2017 fue coordinado por el Departamento de la Juventud del Consejo de Europa. Buscaba combatir el discurso de odio animando a los jóvenes a defender en línea los derechos humanos y la democracia (Consejo de Europa, s.f.). En

Conferencia Internacional de la Paz (un evento interreligioso organizado por *al-Azhar* en El Cairo, uno de cuyos ponentes era el Papa Francisco) y en diciembre de ese año participó en el *Internet Governance Forum* 2017 en las instalaciones de Naciones Unidas en Ginebra. Sin embargo, a lo largo de 2018 la Plataforma redujo notablemente su actividad y a partir de la publicación en 2018 de su informe sobre la islamofobia en España correspondiente a 2017 se considera disolver la entidad.

> Sí, primero, porque no tenemos los medios ni la capacidad para hacer recogida de datos, vamos a intentar que lo haga el Estado que es su obligación. Nosotros lo que hemos decidido desde hace dos años, porque ¿para qué vas a hacer que sabemos que está sesgado? Hacer un seguimiento de la islamofobia en los medios de comunicación, por Dios, es imposible. [entrevista Nora, dirigente PCCI, noviembre de 2019]

De hecho, desde abril de 2018 no se publicaron novedades en su perfil de Facebook y en el año 2020 su página web ya no estaba en funcionamiento.

En esos primeros años de la lucha, otros proyectos contra la islamofobia emprendidos por entidades no musulmanas y con financiación institucional externa incluyeron la iniciativa *Twist Islamophobia* (https://twistislamophobia.org/) o el Observatorio de la Islamofobia en los Medios. *Twist Islamophobia* surge cuando la Fundación de Cultura Islámica (FUNCI, una institución apolítica, aconfesional y científica constituida en 1982) se encarga de la redacción de la parte relativa a España para el informe europeo *European Islamophobia Report* correspondiente al 2015. Se trata de un proyecto promovido y coordinado por la FUNCI con financiación de la Obra Social de la Caixa. El objetivo principal de *Twist Islamophobia* es, como su nombre indica, dar la vuelta a la islamofobia, mediante la elaboración de análisis detallados (que se cuelgan en una página web bilingüe -inglés y español- para llegar a un público lo más amplio posible), con los que se pretende desmontar los discursos islamófobos. Los estudios realizados por los y las investigadoras vinculadas al proyecto *Twist Islamophobia*, más que informar sobre las agresiones explícitamente islamófobas, intentan educar y sensibilizar a la población en general, para erradicar, o al menos reducir, determinados prejuicios hacia las personas musulmanas y hacia la cultura islámica.[5] Adicionalmente, en 2017 el Instituto Europeo del Mediterráneo (IEMed, entidad constituida en 1989 por la Generalitat de Catalunya, el Ministerio de Asuntos Exteriores y el Ayuntamiento de Barcelona) y la Fundación

---

2020, el movimiento seguía presente en los países europeos a través de campañas nacionales.

[5] Por ejemplo, mediante estudios que relacionan la historia medieval de la península ibérica con la actualidad (véase García Sanjuán, 2020).

Al Fanar por el Conocimiento Árabe (organización privada sin ánimo de lucro constituida en 2012) crearon conjuntamente el Observatorio de la Islamofobia en los Medios (https://www.observatorioislamofobia.org/socios/). El objetivo principal era analizar la cobertura mediática sobre el islam y/o las personas musulmanas, fundamentalmente noticias relacionadas con el islam, las personas, colectivos o países musulmanes, en seis periódicos de tirada estatal. Mediante la publicación de informes anuales y determinados planes de formación, el Observatorio pretendía, por un lado, sensibilizar a la población en general sobre la islamofobia presente en las noticias y, por otro, concienciar a las y los periodistas y demás personas que trabajan en agencias de noticias y medios de comunicación, sobre su responsabilidad en la normalización e institucionalización de la islamofobia y el discurso de odio. Los dos informes publicados hasta el momento corresponden a los años 2017 y 2018 (OIM, 2018, 2019). En 2017 se crea en Cataluña la asociación *Stop als Fenomèns Islamòfobs* (SAFI). Se trata de un "colectivo multidisciplinar plural e independiente que se propone como un espacio de encuentro, investigación, formación y denuncia sobre los discursos y prácticas islamófobas" (OIM, 2021). En agosto de 2020 y en colaboración con el Ayuntamiento y la Diputación de Barcelona, SAFI lanzó el Observatorio de la Islamofobia en Cataluña (ODIC) con el objetivo de monitorizar todas las denuncias de islamofobia que ocurren en el territorio de la Generalitat (OIM, 2021).

Monitorización de los datos islamófobos

La monitorización de los incidentes islamófobos, es decir, el registro y la preparación de datos estadísticos sobre la discriminación antimusulmana, es una forma de visibilizar a las personas musulmanas, y especialmente a las mujeres con hiyab, como víctimas de violencia islamófoba. Puede contribuir al empoderamiento de las personas musulmanas porque les ayuda a ganar voz y a desarrollar iniciativas con el objetivo final de corregir las desigualdades sociales basadas en prejuicios raciales. En este sentido, de Koning indica que los proyectos de lucha contra la islamofobia suponen un desafío a las prácticas de racialización, ya que, a través del registro de los incidentes y las campañas de sensibilización sobre la discriminación islamófoba se contesta la invisibilización e hipervisibilización de las personas musulmanas (2016: 189). No obstante, la monitorización también puede llevar a reforzar las divisiones raciales o a reproches de "autovictimización" (de Koning, 2016: 186), incluso desde posiciones de responsabilidad dentro de las propias comunidades musulmanas:

> Pues mira, entre otras cosas no victimizando a la sociedad. Eso a mí me saltaron las alertas rápido, porque también construyes una identidad de víctima ¿no? entonces dices no...Una cosa es que haya víctimas, otra

cosa es que ayudemos a que toda una comunidad sienta que es víctima de no sé cuánto [...]. [entrevista Nora, dirigente entidad anti-islamofobia, noviembre de 2019]

La vulnerabilidad es para Butler (2016), la que precisamente puede constituirse en una fuerza potencialmente efectiva en las movilizaciones políticas. Mostrarse como víctimas, es decir, exhibir la precariedad de sus cuerpos, los cuales son el objeto de la discriminación antimusulmana, es una forma de resistencia que se opone a esa precariedad, mediante la reivindicación de su derecho al espacio público y a la igualdad (Butler, 2016: 25). Denegar esa vulnerabilidad parece más bien sintomático de la construcción contemporánea de subjetividades (neoliberales), ya que una identificación con la dependencia, la necesidad y otros tipos de vulnerabilidad se considera vergonzosa (Bracke, 2016: 59).

La PCCI hasta hace unos años, y posteriormente otras organizaciones como la mencionada Musulmanes contra la Islamofobia o la asociación de ámbito nacional Stop Islamofobia[6] han dedicado tiempo y energía al registro de las múltiples expresiones de discriminación antimusulmana. Estas entidades obtienen sus datos a través de la prensa, las redes sociales, sus contactos con entidades religiosas o antirracistas y, en menor medida, por las comunicaciones recibidas directamente de las víctimas de las posibles agresiones racistas o de las personas que han presenciado lo ocurrido. La presentación en diferentes foros de los informes anuales preparados con estos datos no solo sirve para alertar y concienciar a la sociedad en general, sino también para llegar a determinadas instituciones de autoridad con el fin de conseguir una norma integral que penalice administrativamente el discurso del odio. Destaca la cooperación y el apoyo mutuo que los activistas se brindan, no solo entre los movimientos que se dedican exclusivamente a la lucha contra la islamofobia, sino también con algunas comunidades religiosas o a veces instituciones que no son estrictamente parte de la sociedad civil musulmana. Teniendo en cuenta que se trata de una labor intensa, a veces arriesgada[7] y casi nunca remunerada, se necesita el apoyo de todas las personas dispuestas a ayudar en la lucha contra esta forma de racismo.

Gran parte del trabajo contra el racismo antimusulmán se lleva a cabo en el espacio virtual, a través de páginas web, Instagram, Facebook, cuentas de Twitter, de YouTube, etc. Desde las redes comunican y analizan los casos de islamofobia, y distribuyen sus propios informes y vídeos, así como las noticias

---

[6] La asociación en la que he realizado la participación observante, como explicado en el capítulo 3 de este libro.
[7] Varias de las y los activistas involucrados en las tareas de estos grupos han recibido amenazas hacia su persona [entrevista Yasmin, colaboradora PCCI, junio de 2018].

o análisis que consideren interesantes. Se usan estas vías de comunicación también para animar a que las víctimas denuncien la discriminación y los delitos de odio que sufren, asesorándoles en cuanto a las formas y protocolos a seguir para poner las denuncias en las correspondientes administraciones, dirigiéndoles sobre todo a las fiscalías especializadas en el caso de tratarse de delitos de odio antimusulmán, que son las de Barcelona y Málaga. Todas estas actividades y la cooperación entre los diferentes colectivos tienen como objetivo último el ejercicio de la plena ciudadanía española, sin sufrir discriminación por ser (leídas como) musulmanas.

"Sin datos no existe la islamofobia"

En el caso de España, la falta de datos estadísticos específicos sobre el racismo antimusulmán complica la lucha. En la actualidad, la sociedad civil (musulmana) española no tiene medios materiales ni humanos para una monitorización exhaustiva. Solo el ODIC con sus informes sobre islamofobia en Cataluña correspondientes al 2020 y 2021 recibe cierto apoyo institucional. Desde 2015 se viene publicando el informe internacional *European Islamophobia Report* que incluye también un capítulo dedicado a España, aunque no se trata de un informe con datos estadísticos. El Ministerio del Interior sí dispone de información sobre los delitos de odio antimusulmán, pero no accede a facilitar un desglose de los datos correspondientes a la islamofobia. Por este motivo, una de las principales reivindicaciones de Stop Islamofobia es la segregación de los datos sobre el racismo antimusulmán en España.

Desde organizaciones internacionales como la Organización para la Seguridad y la Cooperación en Europa (OSCE, www.osce.org/es) y su Oficina de Instituciones Democráticas y Derechos Humanos (OIDDH, www.osce.org/es/institutions-and-structures#oficina-democraticas-derechoshumanos), la Agencia de los Derechos Fundamentales de la Unión Europea (la FRA, en sus siglas en inglés, http://fra.europa.eu/es/about-fra) o la Comisión Europea contra el Racismo y la Intolerancia del Consejo de Europa (también conocida como ECRI, según sus siglas en inglés, www.coe.int/en/web/european-commission-against-racism-and-intolerance/) se insiste en que los gobiernos europeos proporcionen una categoría específica separando la islamofobia de otros delitos de odio, para poder combatir esta forma de racismo de manera más eficaz, aplicando medidas concretas a cada caso. Desde 2014 la OIDDH viene publicando diversas guías con recomendaciones y pautas para combatir la discriminación de forma más efectiva (incluyendo informes y manuales de formación para fiscales, jueces y fuerzas de seguridad del Estado), una parte de las cuales está dedicada específicamente al delito y discurso del odio antimusulmán (OIDDH, 2018).

Siguiendo las recomendaciones de la OSCE y de otras instituciones internacionales que trabajan en defensa de los derechos humanos, en 2017 el Ministerio del Interior de España creó la Oficina Nacional de Delitos de Odio (ONDOD), dependiente de la Secretaría de Estado de Seguridad. [8] A partir de ese año, la ONDOD es la responsable de elaborar y publicar los informes anuales sobre los delitos de odio en España. Las categorías en las que se diferencian los datos de los delitos de odio se han modificado en número y denominación a lo largo de los últimos años. La siguiente tabla muestra el número de categorías diferenciadas relativas al desglose de los delitos de odio en España, así como el desarrollo de las modificaciones (también respecto a sus denominaciones) realizadas por parte del Ministerio del Interior.

Tabla 4.1. Categorías diferenciadas de delitos de odio y sus denominaciones

	2016	2017	2018	2019
1	Antisemitismo	Antisemitismo	Antisemitismo	Antisemitismo
2	Aporofobia	Aporofobia	Aporofobia	Aporofobia
3	Creencias o prácticas religiosas	Creencias o prácticas religiosas	Creencias o prácticas religiosas	Creencias o prácticas religiosas
4	Discapacidad	Diversidad funcional	Persona con discapacidad	Persona con discapacidad
5	Orientación o identidad sexual	Orientación o identidad sexual	Orientación sexual e identidad de género	Orientación sexual e identidad de género
6	Racismo/xenofobia	Racismo/xenofobia	Racismo/xenofobia	Racismo/xenofobia
7	Ideología	Ideología	Ideología	Ideología
8	Sexo/género	Sexo/género	Sexo/género	Sexo/género
9			Generacional (*ageism*)	Generacional (*ageism*)
10			Enfermedad	Enfermedad
11				Antigitanismo

Fuente: Elaboración propia a partir de los informes 2016-2019 publicados por el Ministerio del Interior correspondientes los delitos de odio.

---

[8] Véase el art. 2. 13º del Real Decreto 770/2017.

Durante la presentación en enero de 2019 del nuevo Plan de Acción de Lucha contra los Delitos de Odio (Ministerio del Interior, 2019), el ministro del Interior Grande-Marlaska fue preguntado específicamente por la tipificación de la islamofobia en el Código Penal. El ministro respondió que "las profesiones [sic] religiosas están todas ellas integradas, sea la islamofobia sea la cristianofobia, sea cualquier manifestación evidentemente de un ataque o vulneración del derecho de una persona por el hecho de profesar una concreta religión" (Torrens, 2019a).

En 2019, la OSCE/OIDDH publicó una guía dedicada específicamente a los delitos de odio contra las personas musulmanas, en la que sigue instando a los gobiernos que deberían monitorizar los delitos de odio antimusulmán en una categoría de delitos diferenciada. No obstante, el Ministerio del Interior, a pesar de que, desde enero 2019, sí diferencia el ámbito del racismo y la xenofobia de los delitos de odio relativos al antigitanismo (ONDOD, 2020: 5) y según su propia información, basadas en las recomendaciones de la FRA, sigue sin segregar los datos correspondientes a la islamofobia.

En la introducción del informe correspondiente a los delitos de odio del año 2019, publicado en marzo de 2020, el Ministerio confirmó que su trabajo se basa en la Decisión 9/09 del Consejo Ministerial de la OSCE relativa a la "Lucha contra los delitos de odio" (ONDOD, 2020: 2), siendo consciente de que

> [...] Ello es imprescindible para tener una imagen lo más completa y acertada posible sobre el impacto que tienen en nuestra sociedad. De esta manera, el informe anual sobre delitos de odio que se publica anualmente por el Ministerio del Interior, se constituye como una herramienta que guía el desarrollo de medidas de prevención y formación, pero también de sensibilización. Mediante estos informes, se da a conocer a la sociedad la incidencia de estos delitos en nuestro país, así como la importancia de su denuncia en caso de ser víctima o testigo, ayudando así a reducir el porcentaje de "infradenuncia", la cual sitúa la FRA en torno al 80% a nivel europeo (ONDOD, 2020: 3)

Es evidente que el desglose en una categoría separada en un informe anual sobre los delitos de odio no es lo mismo que la tipificación de forma específica de un delito en el Código Penal. De acuerdo con el artículo 22, apartado 4º de la Ley 10/1995, de 23 de noviembre, del Código Penal, son circunstancias agravantes "cometer el delito por motivos racistas, antisemitas u otra clase de discriminación referente a la ideología, religión o creencias de la víctima, la etnia, raza o nación a la que pertenezca, su sexo, orientación o identidad sexual, razones de género, la enfermedad que padezca o su discapacidad." La discriminación por razón de edad no está tipificada en el Código Penal, lo que no impidió que el Ministerio, desde el 2018, recogiera los delitos de odio correspondientes a esta discriminación en una categoría separada. El antigitanismo tampoco está tipificado en el Código Penal, pero el propio Ministerio explicó en su informe que "siguiendo las recomendaciones de la OSCE/FRA" desde enero de 2019 los informes facilitarían el desglose de los hechos de odio por antigitanismo. Entonces, ¿por qué no se reconoce la islamofobia en estos informes?

Como actor de la sociedad civil musulmana, Stop Islamofobia ha sido invitada a determinadas reuniones internacionales y ha participado en la elaboración de informes, como la guía práctica publicada por la OSCE/OIDDH el mes de mayo de 2020 con el título *Understanding Anti-Muslim Hate Crimes. Addressing the Security Needs of Muslim Communities*.[9] En dicho informe (OSCE, 2020: 49) nuevamente se insiste en la importancia de reconocer y monitorizar cualquier motivación por un prejuicio antimusulmán cuando se investiga un hecho. Hasta el Consejo de Derechos Humanos de las Naciones Unidas, mediante su Relator Especial sobre cuestiones de las minorías, constató en su informe publicado en marzo de 2020 en el que se recoge la visita oficial a España que tuvo lugar del 14 a 25 de enero de 2019, que es indispensable que España realice este desglose de los delitos de odio dirigidos a los musulmanes y a otras minorías (Torrens, 2019b). Una guía práctica elaborada por la OIDDH y dirigida a los gobiernos de los países partícipes, incluido el de España, contiene además una lista de diez pasos para facilitar a los estados la labor de convertir sus políticas contra los delitos de odio antimusulmán en acciones efectivas.

En 2017 el Ministerio del Interior proclamaba que "España se ha convertido en un país que constituye un referente en la publicación de datos estadísticos en el ámbito de los delitos de odio [...]" (ONDOD, 2017: 5). Sin embargo, respecto al año 2022, y a pesar de que las mencionadas instituciones internacionales sostienen que los estados solo pueden desarrollar respuestas policiales eficaces si con anterioridad se reúnen datos fiables sobre estos delitos, las estadísticas del Ministerio de Interior siguen sin incluir en una categoría separada la información relativa a los delitos de odio correspondientes a la islamofobia (ONDOD, 2023). Si no se monitorizan estos incidentes en una categoría separada, o no se comunican ni difunden, parece sugerir que, al menos teóricamente, no existen ni la islamofobia ni la "cuestión musulmana" (Bravo, 2011; Hajjat y Mohammed, 2013; Norton, 2013). Sin información sobre estos delitos se dificulta la visibilización de la discriminación para poder concienciar a la población en su conjunto, para que se tomen medidas necesarias para frenarla, y para exigir responsabilidad a las autoridades en la protección de las y los ciudadanos musulmanes. Lo cierto es que el hecho de que las autoridades

---

[9] El título traducido al castellano podría ser "Comprendiendo los delitos de odio antimusulmán. Atendiendo las necesidades de seguridad de las comunidades musulmanas".

se nieguen a segregar los datos sobre la islamofobia en España puede interpretarse como una deliberada invisibilización de dicho racismo.

Contra el discurso de odio

Con el fin de visibilizar la discriminación antimusulmana, la entidad catalana Musulmanes contra la Islamofobia (McIslamofobia) dedica, desde hace varios años, gran parte de sus esfuerzos al trabajo jurídico contra el discurso de odio, con independencia del lugar dentro del Estado español donde haya ocurrido el delito. Cuando considera que las declaraciones públicas de determinadas personas, principalmente políticos y periodistas, son constituyentes del delito de discurso de odio hacia las personas musulmanas, esta asociación prepara e interpone denuncias ante las fiscalías correspondientes.[10] En noviembre de 2019, Musulmanes contra la Islamofobia presentó una denuncia por un delito de odio y otro de prevaricación contra el Consejero de Educación del gobierno catalán, Josep Bargalló i Valls, del partido Esquerra Republicana de Catalunya (ERC). De acuerdo con la asociación (McIslamofobia, 2019b), las declaraciones de Bargalló pronunciadas (y grabadas) en un evento organizado por el sindicato de profesores y profesoras de religión católica en Cataluña, fomentaban el odio hacia los musulmanes, además de alimentar la idea de que la confesión musulmana era incompatible con la identidad catalana. Al hilo de las declaraciones hechas por Bargalló, la *Unitat Contre el Feixisme i el Racisme* (UCFR) emitió un comunicado en el que pidió una rectificación por parte del conseller a la vez que un "debate a fondo con el objetivo de establecer un modelo de educación verdaderamente laico, neutro ante las diferentes creencias y sin favorecer ninguna religión" (UCFR, 2019). A raíz del comunicado, Musulmanes contra la Islamofobia lamentó públicamente la invisibilización que la UCFR hacía de la lucha contra la islamofobia y señaló el caso específico de las más de 890 solicitudes de Enseñanza Religiosa Islámica (ERI) presentadas por las familias musulmanas en Cataluña durante el 2019 (McIslamofobia 2019b). No obstante, en febrero de 2020 la Fiscalía del Tribunal Superior de Justicia de Cataluña archivó la denuncia contra el Consejero de Educación basándose, entre otros argumentos, en que las declaraciones realizadas por Bargalló podían ampararse en el derecho de libertad de expresión.

Entre las acciones de esta ONG también se cuenta la denuncia interpuesta ante la Fiscalía del Tribunal Supremo en noviembre de 2019 contra el líder del partido político Vox, Santiago Abascal, a raíz de unas declaraciones del político de ultraderecha publicadas en el canal de YouTube de la formación; así como otra denuncia contra el secretario general del mismo partido, Javier Ortega Smith, por sus declaraciones en una reunión política. Adicionalmente, en enero de 2020,

---

[10] O ante otros órganos, si correspondiera. Fue el caso de la periodista María Jamardo, cuya denuncia fue ante la Comisión Nacional de Mercado y Competencia. Para más información, véase McIslamofobia (2019a).

Musulmanes contra la Islamofobia ha puesto en conocimiento de la Fiscalía de Ceuta[11] unos mensajes de WhatsApp cuyos autores presuntamente son diputados de Vox en la Asamblea de Ceuta, pidiendo una investigación por posible discurso de odio. Unos meses más tarde, la asociación puso en conocimiento de la Fiscalía General del Estado la presunta manipulación racista, por parte de este mismo partido, de la imagen pública de cinco *youtubers* (todos de origen magrebí) con el objetivo de criminalizar a la comunidad musulmana de origen magrebí.

Por el cumplimiento de los derechos religiosos

Otra de las reivindicaciones de la sociedad civil musulmana se centra en la aplicación de la práctica de los derechos religiosos individuales y colectivos, tal y como fueron formulados y recogidos en el Acuerdo de Cooperación firmado entre el Estado y la Comisión Islámica de España en 1992. Estas reivindicaciones se llevan a cabo con frecuencia al margen del órgano interlocutor institucional con el Estado, la CIE. A lo largo del trabajo de campo mis interlocutores reprocharon a la CIE, a menudo, una actitud poco proactiva e incluso causante de obstáculos en el camino. Desde la entrada en vigor en 1992 del mencionado Acuerdo una de las principales reivindicaciones de las comunidades musulmanas en España ha sido y sigue siendo el cumplimiento del derecho (individual) a ser enterrado de acuerdo con el rito funerario islámico.[12] La necesidad de encontrar una respuesta a esta demanda se ha hecho, si cabe, más patente durante la pandemia de la COVID-19 (Ajana Elouafi, 2020; Moreras Palenzuela, 2021). En una reunión el 11 de enero de 2020, antes del comienzo de la pandemia, la Comisión Técnica de Mezquitas y Cementerios de la Comisión Islámica de España había insistido en que aquellas comunidades autónomas[13] sin cementerio musulmán deberían crear al menos uno donde los vecinos musulmanes pudieran enterrar a sus muertos (CIE, 2020). Solo en 35 cementerios de todo el territorio estatal[14] existe la posibilidad de enterramientos musulmanes, para una población de aproximadamente dos millones de personas. De hecho, el repentino aumento

---

[11] Las Fiscalías de las ciudades autónomas de Melilla y Ceuta son las únicas Fiscalías que no cuentan con una sección especial de delitos de odio.
[12] De acuerdo con las creencias islámicas, el difunto debe ser inhumado con la mayor rapidez posible, con un máximo de 48 horas tras el deceso y sin féretro. Está prohibida la cremación. Los rituales mortuorios incluyen el lavado del cuerpo y su amortajamiento. Para una información detallada sobre el rito funerario islámico véase Tarrés (2006).
[13] En 2020 son cinco las comunidades autónomas que no tienen parcelas para enterramientos islámicos: Asturias, Cantabria, Castilla La Mancha, Extremadura y Galicia (Ajani Elouafi, 2020).
[14] 11 en Andalucía, 5 en Cataluña, 4 en la Comunidad Valenciana, 3 en Castilla y León, 2 en Islas Canarias y 1 en Aragón, Asturias, Islas Baleares, Ceuta, Madrid, Melilla, Murcia, Navarra, País Vasco y La Rioja (Ajani Elouafi, 2020).

del número de personas musulmanas fallecidas en España debido a la pandemia del coronavirus ha mostrado la flagrante falta de plazas disponibles. Con motivo de la urgencia del asunto, y teniendo en cuenta que los servicios funerarios y de enterramiento son prestaciones de competencia municipal, Musulmanes contra la Islamofobia publicó el 6 de abril de 2020 un escrito de solicitud, descargable en su página web, en el que la persona firmante comunica al Ayuntamiento en el que reside, su deseo de ser enterrado en el cementerio municipal de acuerdo con el rito funerario islámico, a la vez que solicita la aplicación de la legislación vigente en materia de Policía Sanitaria Mortuoria (Decreto 2263/1974) para el ejercicio del derecho a ser inhumado conforme a los preceptos funerarios islámicos. Adicionalmente, los y las firmantes solicitan al Ayuntamiento que responda por escrito a tres preguntas concretas sobre el espacio para enterramientos islámicos:

A. "Si existe en este municipio espacio habilitado en el cementerio municipal para enterramientos islámicos y cuantas plazas se encuentran a disposición en la actualidad"

B. "Que en el caso de no existir espacio habilitado en el cementerio municipal para enterramientos de rito funerario islámico ¿Qué medidas está adoptando el Ayuntamiento para dotarse del mismo?"

C. "Que en el caso de no existir espacio habilitado en el cementerio municipal para enterramientos de rito funerario islámico ¿Qué medidas está adoptando el Ayuntamiento para afrontar casos de fallecimiento de personas que solicitan un enterramiento según el rito funerario islámico y que desean ser enterradas en la localidad?" (McIslamofobia, 2020b)

A este respecto, un ejemplo de cooperación entre comunidades musulmanas y la política representativa a nivel local es el del Ayuntamiento de Mataró, donde en el mes de abril de 2020 el grupo municipal ERC-Més ha exigido el cumplimiento urgente del derecho a espacio para los enterramientos según el rito islámico, así como una solución a largo plazo, que el Ayuntamiento parece tener pendiente desde el año 1999 (TV Mataró, 2020). El hecho que ERC-Més de Mataró contó con una concejala (visiblemente) musulmana pudo haber aumentado la sensibilidad hacia este asunto. Un caso más reciente de una iniciativa a favor del derecho de las personas musulmanas a un entierro de acuerdo el rito funerario islámico, es el del cementerio municipal de Carabanchel en Madrid. En julio de 2022 la Asamblea de Madrid aprobó un proyecto para dedicar 10.000m2 de dicho cementerio a enterramientos musulmanes. Ya que en febrero de 2023 el proyecto apenas había avanzado, Maysoun Douas,[15] entonces concejala de la formación política Más Madrid, emprendió una recogida de firmas que en pocos meses se convirtió en un movimiento más amplio, materializándose en junio de 2023 y bajo el nombre "Por un entierro digno", en la presentación de unas 500 quejas formales al Defensor del Pueblo (Europa Press, 2023).

Otras demandas por el cumplimiento de los derechos religiosos abarcan la disponibilidad de un menú halal o la enseñanza religiosa islámica (ERI) en los centros educativos públicos y concertados. En este sentido, la ONG asesora a familias musulmanas sobre el derecho a elegir esta asignatura para sus hijos e hijas. Cabe destacar el caso de La Rioja, donde diez familias, con el apoyo de la Comunidad Musulmana de La Rioja y de Musulmanes contra la Islamofobia, presentaron una demanda contra la Consejería de Educación y Cultura de esta Comunidad Autónoma (gobernada por el Partido Socialista Obrero Español y Unidas Podemos) ante el Tribunal Superior de Justicia. Consideraban que la denegación de la enseñanza religiosa islámica suponía la vulneración de sus derechos fundamentales en materia de libertad religiosa. La denuncia fue desestimada y la entidad catalana, considerando errónea la interpretación del Tribunal, publicó en su página web su opinión sobre la actitud de la administración riojana:

> Se trata de una discriminación institucional racista, pues se dirige únicamente contra las familias específicamente musulmanas, a las que se impide acceder a sus derechos plenos de ciudadanía (McIslamofobia, 2020a)

Además, la ONG catalana expresó su intención de seguir trabajando con las familias y la Comunidad Musulmana de La Rioja para "presentar los oportunos recursos de casación ante el Tribunal Supremo" (McIslamofobia, 2020a).

Financiación

Otra reclamación que con cierta frecuencia surgió en las conversaciones con mis interlocutores dirigentes de entidades religiosas y/o asociaciones socioculturales musulmanas, era la financiación de las comunidades musulmanas. Esta financiación por parte del Estado fue un asunto muy importante durante las negociaciones de los Acuerdos de Cooperación entre el Estado y los representantes formales del judaísmo, del islam y las iglesias de confesión evangélica, antes de su firma en el año 1992.

> [...] los judíos renunciaron previamente, no querían saber nada de dinero público, pero los protestantes y los musulmanes, que luego en los años

---

[15] Véase también el capítulo 7 de este libro.

90 fue la explosión migratoria, pues claro hay un montón de carencias y de necesidades que, si no hay ayuda y un apoyo, pues es difícilmente salvable ¿no? [entrevista Nora, dirigente entidad religiosa, noviembre de 2019]

En la actualidad, los fondos que reciben las confesiones minoritarias que cuentan con un Acuerdo de cooperación con el Estado español (la judía, la evangélica y la musulmana), se han canalizado a través de la Fundación Pluralismo y Convivencia, una entidad del sector público estatal creada en 2004 y que depende del Ministerio de Justicia.[16] La misión de esta fundación es

> incentivar el reconocimiento y el acomodo de la diversidad religiosa como elementos básicos para la garantía del ejercicio de la libertad religiosa y la construcción de un adecuado marco de convivencia en una sociedad cada vez más diversa. (FPyC, 2020: 6)

Para ello, dispone de un presupuesto para financiar dos líneas de ayudas.[17] La línea 1 engloba las ayudas anuales a las federaciones de las mencionadas confesiones minoritarias "para el fortalecimiento y desarrollo institucional, así como para la dinamización y coordinación de sus comunidades." De este presupuesto, la CIE (FEERI y UCIDE) recibió en 2019 330 mil Euros, casi la mitad de lo percibido en 2005. La siguiente tabla muestra las cantidades que la Comisión Islámica de España ha recibido en los últimos cuatro años, para ser destinadas a las estructuras organizativas de las federaciones adscritas a la CIE.

Tabla 4.2. Financiación de la CIE por la Fundación Pluralismo y Convivencia

	2016	2017	2018	2019
Total presupuesto ayudas línea 1 (€)	781.163	791.163	1.012.205	962.205
Financiación recibida por la CIE (€)	255.000	255.000	330.000	330.000
Proporción del total (%)	32.6	32.2	32.6	34.3

Fuente: Elaboración propia con información de las Memorias anuales 2016-2019 de la Fundación Pluralismo y Convivencia.

---

[16] Desde la reestructuración de los departamentos ministeriales en 2020, la Fundación Pluralismo y Convivencia está adscrita al Ministerio de Presidencia, Relaciones con las Cortes y Memoria Democrática.
[17] En el primer año de actividad en 2005, el presupuesto total de la Fundación ascendía a 3 millones de Euros que se ha visto, sobre todo a partir de 2008, reducido hasta casi la mitad.

La línea 2 de la financiación que concede la Fundación Pluralismo y Convivencia está destinada a las entidades religiosas locales, a las actividades de carácter cultural, educativo o social (es decir, no religioso) que desarrollan entidades, comunidades religiosas o lugares de culto pertenecientes a confesiones religiosas con Acuerdo de cooperación con el Estado español. Para ser reconocidas como tales, las entidades religiosas españolas deben inscribirse en el Registro de Entidades Religiosas del Ministerio de Justicia. En los últimos años, la ayuda financiera media por proyecto ha sido de unos 2.700 euros. La siguiente tabla muestra las cantidades dedicadas a la financiación de proyectos presentados por las entidades islámicas durante los últimos cuatro años.

Tabla 4.3. Financiación de proyectos de entidades islámicas locales por la Fundación Pluralismo y Convivencia

	2016	2017	2018	2019
Total presupuesto ayudas línea 2 (€)	211.205	120.000	158.957	205.957
Financiación entidades locales islámicas (€)	159.095	90.000	114.066	Sin especificar[18]
Número de proyectos financiados	62	32	42	Sin especificar
Proporción del total recibidas por entidades musulmanas (%)	75.3	75	71.8	n/a

Fuente: Elaboración propia con información de las Memorias anuales 2016-2019 de la Fundación Pluralismo y Convivencia.

Como muchos señalan, la falta de financiación impide a muchas entidades el desarrollo de sus actividades y complica que sus discursos lleguen a un público más amplio.

> […] también tenemos una laguna muy fuerte, que es el problema de la financiación […] Es un verdadero hándicap. Para que estas pocas voces puedan ser escuchadas, requiere financiación, para tener un medio de comunicación, que puede ser una página web chula. [entrevista Omar, dirigente asociación sociocultural, diciembre de 2019]

Con el fin de mejorar la financiación de las comunidades musulmanas a través de la Comisión Islámica de España (CIE), el presidente de la CIE de

---

[18] La Memoria de la Fundación Pluralismo y Convivencia correspondiente al 2019 no facilita el desglose de proyectos financiados (línea 2) por confesión minoritaria, como sí ha hecho respecto a años anteriores.

entonces, Riay Tatary, solicitó en una reunión en noviembre de 2019 con la responsable de Relaciones Confesionales del Ministerio de Justicia, que se incluyera una casilla en la declaración del Impuesto sobre la Renta de las Personas Físicas (IRPF), tal como la tiene la Iglesia Católica. El 6 de abril de 2020 Tatary falleció a causa del coronavirus. En el mismo mes, coincidiendo con el comienzo del período para la preparación y presentación de la declaración del IRPF correspondiente al ejercicio 2019, desde la organización Musulmanes contra la Islamofobia se emprendió una campaña de reclamación de esta casilla para destinar una parte de este impuesto a las comunidades islámicas.[19] El principal argumento manejado era la consideración de la situación en términos de agravio comparativo puesto que la Iglesia Católica se beneficia de esta designación del 0,7% de la cuota íntegra del IRPF (basándose en el artículo II del Acuerdo entre el Estado Español y la Santa Sede sobre Asuntos Económicos, de 3 de enero de 1979).[20] Además, se alegaba que de esta manera el sostenimiento económico de la Comisión Islámica de España vendría a depender solo de las aportaciones de los fieles.[21] La reivindicación a favor de la financiación mediante la asignación del 0,7% de la cuota del IRPF, se apoya también desde entidades religiosas como Junta Islámica (Romero, 2020). Para promover esta campaña, los miembros de Musulmanes contra la Islamofobia prepararon un escrito de solicitud, descargable en su página web por las personas interesadas. Sin embargo, al momento de la preparación final de este libro, dicha campaña no parece haber conseguido su objetivo.

Espacios seguros

Aparte de las mencionadas iniciativas y demandas emprendidas por entidades cuyos dirigentes cuentan con una experiencia ya casi profesional, desde la primera década del siglo XXI han surgido en diferentes partes del territorio del Estado español proyectos promovidos por jóvenes musulmanes en reacción a su estigmatización por parte de la sociedad no musulmana. En el País Vasco,

---

[19] Se exigía la modificación del apartado correspondiente a la asignación tributaria a la Iglesia Católica o a "fines sociales", para que las y los contribuyentes pudieran manifestar su voluntad eligiendo cualquiera de las otras religiones con las que el Estado tiene firmado un Acuerdo de Cooperación.

[20] La disposición adicional decimoctava de la Ley 42/2006, de 28 de diciembre, de Presupuestos Generales del Estado para el año 2007, en desarrollo de lo previsto en el artículo II del Acuerdo con la Santa Sede ha establecido con carácter indefinido y con vigencia desde el 1 de enero de 2007, que el Estado destinará al sostenimiento de la Iglesia católica el 0,7% de la cuota íntegra del IRPF correspondiente a los contribuyentes que manifiesten su voluntad en tal sentido.

[21] Aunque el texto de Musulmanes contra la Islamofobia solo hace referencia a "los fieles", evidentemente cualquier contribuyente podría manifestar su voluntad marcando la correspondiente casilla.

por ejemplo, está la Asociación de Mujeres Jóvenes Musulmanas Bidaya. Bidaya, que significa viaje en euskera e inicio (o iniciativa) en árabe, fue una de las primeras asociaciones de este tipo, inscrita en el Registro de Asociaciones del País Vasco en diciembre de 2007. Como explica su actual presidenta, Hajar Samadi, en una entrevista en Radio Dos Luces

> vemos que hay una necesidad de reivindicar nuestros derechos. Siempre somos definidas por los demás. Por los medios de comunicación, los propios colectivos musulmanes... (Samadi, 2013)

De acuerdo con sus estatutos, entre los objetivos más importantes de Bidaya están la sensibilización tanto interna (a las socias, mujeres musulmanas) como externa (a la ciudadanía en general) desde un enfoque (feminista) de derechos, en torno a estereotipos que existen sobre las mujeres musulmanas y el islam (Bidaya, 2007). Asimismo, la asociación pretende

> promover el EMPODERAMIENTO de las mujeres musulmanas, autóctonas e inmigrantes, que viven en el País Vasco; TEJER ALIANZAS y fortalecer las redes entre las organizaciones sociales y con las personas que defienden los derechos de las mujeres y, muy especialmente, de las mujeres musulmanas; PREVEER la violencia de género hacia mujeres musulmanas, autóctonas e inmigrantes que viven en la CAPV; e INCIDIR colectivamente para visibilizar a las mujeres musulmanas, autóctonas e inmigrantes, así como para fortalecer el ejercicio de su ciudadanía activa [letras en mayúscula del texto original] (Bidaya, 2007: 1)

Más recientemente, en la provincia de Alicante, el Grupo de Chicas Musulmanas de Elche (G-Chime) se presentó formalmente en diciembre de 2018 en un evento organizado en el centro social El Pla. Al evento asistieron más de 100 personas tanto de asociaciones de jóvenes musulmanes provenientes de Cartagena, Lorca y Murcia, como vecinas de Elche y Alcoi. Surgido de un grupo de WhatsApp, en 2020 G-Chime contaba con una veintena de mujeres jóvenes musulmanas, en su mayoría estudiantes de entre 15 y 22 años. Según la fundadora y entonces presidenta de G-Chime, Hind El Fadli (2019), estudiante de Psicología en el momento de constituirse la asociación, el primer motivo para crear la asociación fue la necesidad de disponer de un espacio de encuentro propio para hacer frente al desamparo que sufren las mujeres jóvenes musulmanas (y migradas) frente a las agresiones islamófobas en el ámbito escolar, universitario o laboral.

> [...] para que nuestras hijas y nietas no tengan que sufrir lo mismo y ya podrán contar con un apoyo (El Fadli, 2019)

La activista explicaba que, respecto a la discriminación que sufren, no pueden contar ni con la policía, ni con la Comunidad Islámica de España, ni con ayuda de feministas, ni con grupos antirracistas. En línea con Ramírez y Mijares (2021: 152), esto conduce a que las mujeres con pañuelo y las musulmanas en general se organicen al margen de otros colectivos. Por este motivo, la labor de G-Chime se dirige a las mujeres musulmanas y/o migrantes, ofreciendo apoyo, unión y empoderamiento. Igualmente, a la sociedad en general, sensibilizando contra la islamofobia y mostrando que ellas son también ciudadanas, independientemente de su religión.

> Tenemos los mismos derechos. El hiyab es nuestra forma de vestir (Zereg, 2018)

Según las mujeres de G-Chime, no se trata de una autoexclusión, sino que en Elche ninguna entidad atiende a la islamofobia, ya que aparentemente no se tiene claro el foco de las agresiones. Estas jóvenes tampoco se sienten apoyadas por la Comisión Islámica de España ("Nos dicen: 'no pasa nada'" (El Fadli, 2019). De acuerdo con El Fadli, el hecho de que las mujeres no tengan representación en las juntas directivas de las comunidades islámicas es consecuencia del patriarcado y no de la religión islámica. Señala que de las cinco mezquitas que existen en Elche, cuatro no tienen mujeres en sus juntas.

> Es cada día más necesario crear este tipo de asociaciones para apoyarnos y unirnos contra la islamofobia (El Fadli, 2019)

De este espacio propio habla también Ramia Chaoui, ciberactivista que en 2015 creó su propio canal de YouTube[22] como medio de comunicación alternativo para luchar contra la desinformación sobre las personas musulmanas, fuera del marco y del poder de los medios estándar

> [...] creando contranarrativas, tener espacios en los que podemos hablar de nosotros en nuestros propios términos y con libertad (Chaoui, 2019)

Chaoui, conocida entre el público joven musulmán por un discurso potente que combina entretenimiento y seriedad, ha colaborado con numerosos proyectos promovidos por personas y entidades musulmanas y no musulmanas (aunque afirma "trabajo en nombre personal" (Chaoui, 2019), como, por ejemplo, el foro FEMME, Junta Islámica o la Asociación Marroquí para la Integración de los

---

[22] De acuerdo con la información en YouTube, su canal tiene casi 50.000 suscriptoras/es.

Inmigrantes,[23] acudiendo asimismo a reuniones sobre la islamofobia en foros europeos y participando en programas de televisión o del Ayuntamiento de Barcelona.[24] Dice haber "aprendido de los errores del principiante" (Chaoui, 2019) y desde entonces procura asistir únicamente si es para poder aportar y no contribuir a la estigmatización.

Según explica Birt (2009) para el contexto del Reino Unido, la experiencia compartida a causa de la islamofobia ha creado una única comunidad de sufrimiento, es decir, ha juntado poblaciones de diferentes orígenes en una musulmana que participa en la esfera pública hegemónica reivindicando, por un lado, el reconocimiento de derechos religiosos (o étnicos) y por otro, la protección contra el racismo. Sin embargo, dentro de la diversidad de comunidades musulmanas que viven en España, existen puntos de vista diferentes y divergentes. Algunas voces, procedentes de las estructuras representativas nacionales de musulmanes, no comparten la existencia de una islamofobia institucional y consideran que el uso de este término perjudica a las personas musulmanas en las negociaciones diversas con el Estado.

[...] Es decir, yo lo que no comparto es que haya una intención premeditada y trabajada desde el Estado o desde los gobiernos, encaminada a generar la islamofobia. [...] hablar de islamofobia institucional, yo no lo puedo compartir, creo que es una falacia, francamente... [entrevista Nora, dirigente de PCCI y entidad religiosa, noviembre de 2019]

Más allá de gobiernos con intenciones premeditadas, el concepto de islamofobia institucional (o racismo antimusulmán) remite a formas estructurales de discriminación contra las personas musulmanas: leyes, políticas, estrategias y prácticas. Como indican Massoumi *et al.* (2017), el estado no es una estructura homogénea, sino un conjunto complejo de instituciones, de las cuales determinadas secciones representan o reciben presión de distintos movimientos sociales. Según estos autores (2017: 33), la configuración y magnitud de la islamofobia están determinadas en gran parte por las relaciones entre el estado y los movimientos sociales "desde arriba", refiriéndose a la orientación del movimiento respecto al poder y la desigualdad.

---

[23] Ejemplos de estas cooperaciones se encuentran en www.islamofobia.es/2019/04/30/ii-foro-femme-mujeres-musulmanas-y-redes-sociales/, www.verislam.com/hablamos-sobre-la-cie-y-el-islam-en-espana/y www.youtube.com/watch?v=cTSPctccaRY.
[24] Véase, por ejemplo, el Informe del seguimiento del Plan Municipal de Lucha contra la Islamofobia del Ayuntamiento de Barcelona (Dirección de Servicios de Ciudadanía y Diversidad, 2018: 16).

La lucha "mora" antirracista

Entre los movimientos sociales "desde abajo" que, contrariamente a lo explicitado por Nora, están convencidos de la existencia de un racismo estructural e institucional, se encuentra en España un grupo de jóvenes que se autoidentifica con la etiqueta de "moro", convirtiéndola en el emblema de su lucha política: el Movimiento Moro Antirracista *uMMA*.[25] Como explican Douhaibi y Amazian[26] (2019):

> Entendemos *moro* no como una identidad ni como un sujeto real, sino como una categoría colonial -que en lugares y momentos históricos distintos tiene un contenido diferente- construida por el poder blanco para deshumanizar y oprimir a diferentes grupos de personas. (2019: 18)

Como se indicó en el capítulo 2, estos jóvenes parecen haberse inspirado en el uso de la palabra "*indigène*" (nativo/a) por el *Partie des Indigènes de la République* (PIR) en Francia o la apropiación del insulto *beur* por los propios colectivos (Mateo Dieste, 2017) en el mismo país.[27] En un coloquio organizado con ocasión de un *iftar* antirracista en mayo de 2018 en un barrio céntrico de Madrid, una de las miembros de uMMA insistía en que "existir es existir políticamente."[28] Siguiendo a Fassin (2011: 424), este autoidentificación (en este caso, como "moro/a") es una forma de resistir a los procesos de racialización. Como señala Gil Flores (2019: 305), su objetivo es "pensar políticamente y dar forma organizativa al desasosiego que produce una opresión no visible." No piden protección al Estado contra el racismo, sino que acusan al propio Estado de su racismo estructural e institucional. En la lucha contra la invisibilización por parte del Estado español de cualquier forma de racismo, su discurso decolonial emplea el término de racismo "antimoro" más que antimusulmán. Esto no implica que desde este colectivo se niegue la existencia de la islamofobia, sino que se quiere evitar la instrumentalización de la islamofobia entendida como prejuicios contra el islam para desviar la atención del carácter racista del aparato institucional español (Amzian, 2017).[29] En su mayoría, se trata de jóvenes con estudios universitarios, socializados plenamente en España y procedentes de familias magrebíes. Forman alianzas con otros colectivos racializados como el Sindicato de Manteros y Lateros

---

[25] Véase también el capítulo 2 de este libro.
[26] Autoras participantes en el colectivo uMMA.
[27] Cuenta Mateo Dieste (2017: 17) que hasta da nombre a una radio y una cadena de televisión (Beur TV).
[28] Basándose en lo escrito por el sociólogo Abdelmalek Sayad (m. 1998): "Exister, c'est exister politiquement" (2006).
[29] Entrevista a Salma Amzian del 28 de septiembre de 2017 por Youssef Ouled. Tanto el entrevistador como la entrevistada participan en uMMA.

(www.facebook.com/sindicatomanterosmadrid/) o Kale Amenge (www.kale amenge.org), aglutinados en el *Movimiento de Acción Política Antirracista* o MAPA 12N (www.facebook.com/MAPA12N). Este conjunto de colectivos surgió a partir de la manifestación antirracista de noviembre de 2017 y posteriores debates (Ouled, 2018) y tiene el objetivo de combatir juntos la violencia silenciadora del racismo. Basándose en las movilizaciones que estaban teniendo lugar en muchos países después del asesinato de George Floyd en Estados Unidos, en julio 2020 organizaron una campaña en Madrid desplegando en la estatua de Colón en el centro de la ciudad una pancarta que decía "¡Fuego al orden colonial!" usando, asimismo, bengalas y tiñendo el agua de la fuente delante de la estatua de rojo como símbolo de la sangre de los muertos por el colonialismo (Vargas, 2020). De esta manera, mediante este "acto de ciudadanía" (Isin, 2012), reivindicaban la retirada de monumentos que representan el racismo colonial, como un primer paso en la lucha contra la violencia racista sistémica y estructural. Este proyecto de antirracismo político es un ejemplo de la política oposicional o *antipolítica* a la que se refiere Ghassan Hage en su libro *Alter-Politics* (2015), cuando el autor propone la necesidad de combinarla con una búsqueda de formas alternativas para inhabitar la tierra o para pensar y vivir la alteridad de un modo diferente.

Una representación que importa

La necesidad de tener y poder alzar una voz propia *musulmana*, independiente de las organizaciones que asumen o reciben el encargo del trabajo contra la discriminación de los musulmanes en España y que son gestionadas por personas no musulmanas, fue uno de los principales motivos para formar Stop Islamofobia, ideada desde mayo de 2018. Como sociedad civil musulmana que sufre la islamofobia en sus cuerpos, a menudo no se sienten identificadas con la narrativa que dirigen aquellas entidades y que, no obstante, a menudo requieren su validación. El punto de inflexión llegó cuando varias de las que serían las futuras fundadoras de Stop Islamofobia coincidieron en un curso de formación sobre la prevención a la "radicalización", impartido por un organismo del aparato de seguridad estatal y dirigido a profesores, trabajadores sociales, agentes de policía y actores de la sociedad civil. Alertadas por la constante estigmatización de las personas musulmanas y/o de origen magrebí en el contenido y formato de dicho curso, las experiencias violentas vividas durante los cinco días que duró la formación les empujaron a crear una entidad desde la cual combatir la islamofobia con una contranarrativa propia.

Para el grupo fundador de Stop Islamofobia, y para su Junta Directiva, era de suma importancia que la voz que lidera la entidad y sus proyectos, la que se quiere hacer escuchar, parta de una posición de musulmanidad, entendida esta no estrictamente en el sentido religioso, sino más bien como una posición política. En línea con el trabajo de Anne Phillips (1995) sobre la falta de representación de un grupo social determinado y la subsiguiente desigualdad política (ya que las decisiones las toman los grupos dominantes), desde Stop Islamofobia se defiende que las personas que hablan en nombre de la sociedad civil musulmana sean musulmanas, sobre todo cuando se trata de visibilizar las prácticas discriminatorias contra ellas. Un ejemplo en este sentido lo constituyen las entidades cuya misión incluye la lucha contra el racismo y la islamofobia y que cuentan con financiación estatal,[30] pero que emplean conceptos como "xenofobia" o "integración" cuando construyen su relato sobre la islamofobia. El discurso que usa el término de "xenofobia" para referirse a la discriminación contra los musulmanes conlleva una *extranjerización* de las poblaciones musulmanas. Otro ejemplo es el relato basado en la tolerancia y el islam o la persona musulmana como objeto de dicha tolerancia. No se "tolera" a lo que se considera normal, bienvenido o bueno, sino como extranjero y desagradable (Norton, 2013: 7). Como afirma Manuel Delgado (2006: 5), solo pueden tolerar las personas que se hallan en situación de superioridad. Además, la práctica de la tolerancia y sus relaciones de poder contienen una condición temporal: "Hoy te tolero, mañana, a saber…". Según Jasmin Zine, quien acuñó en 2006 el término *gendered Islamophobia*,[31] el uso del concepto de la tolerancia permite a las autoridades ocupar un espacio de supuesta inocencia (Zine, 2018).[32] No obstante, en el caso de la lucha contra la islamofobia, para las mujeres de Stop Islamofobia la musulmanidad no es el único requisito para una adecuada representación. En la misma línea que Qureshi (2018: 1808), consideran que la representación que realmente importa debe poseer independencia, calidad y verdad, sobre todo después de septiembre de 2001.

Por tanto, Stop Islamofobia se fundó ante la necesidad de elaborar un discurso propio desde la posición de sujetos musulmanes, diferente al de la (in)tolerancia que invisibiliza el alcance de la islamofobia o al de la xenofobia que extranjeriza a la población musulmana. Es decir, desde esta entidad se exige una representación más allá de la mera presencia, una implicación de la sociedad civil musulmana en las consultas y resoluciones respecto a las cuestiones que le afectan, ser escuchada directamente y no solo a través de determinadas organizaciones aceptadas por las autoridades como intermediarias válidas. Sin embargo, tomar la palabra como entidad musulmana en la esfera pública no significa que no puedan establecerse alianzas con personas o entidades no musulmanas. Precisamente el trabajar juntos con personas y colectivos no

---

[30] Por ejemplo, del presupuesto del Ministerio de Sanidad, Consumo y Bienestar Social. Respecto al año 2019, véase Real Decreto 681/2019.
[31] Zine, Jasmin (2006), "Unveiled Sentiments: Gendered Islamophobia and Experiences of Veiling among Muslim Girls in a Canadian Islamic School", *Equity & Excellence in Education*, 39 (3): 239-252.
[32] Respecto al uso de la palabra *tolerance*, decía Zine en inglés: "*We shouldn't allow the State to create a space of innocence.*"

musulmanes puede contribuir a que los problemas sociales salgan de sus esferas y entran en la esfera civil más amplia (Astor *et al.*, 2019).

Derechos humanos

En ese trabajo conjunto, la relevancia del discurso de los derechos humanos marca los objetivos y el desarrollo de las actividades de Stop Islamofobia. Sus miembros encuentran en este colectivo un espacio seguro desde donde alzar la voz y apoyar un discurso en defensa de los derechos humanos. Precisamente porque la sociedad mayoritaria no musulmana insiste con frecuencia en la incompatibilidad entre los derechos humanos y el islam, esta ONG basa en ello su lucha contra el racismo antimusulmán. Además, se considera fundamental mantener un mismo discurso tanto en las relaciones con individuos y colectivos musulmanes, como hacia instituciones públicas y la sociedad en general. En este sentido, la defensa de los derechos LGBTQ+, la protección de los jóvenes migrantes o el apoyo a los derechos de la mujer, por nombrar varios ejemplos, se consideran principios irrenunciables. De hecho, estos principios no se quedan en meras palabras, sino que se traducen en alianzas y colaboraciones concretas con otros agentes sociales o colectivos minorizados, como pueden ser el apoyo al Orgullo Crítico, a colectivos gitanos o la participación en las actividades de la Asamblea Antirracista de Madrid. Su objetivo es visibilizar la discriminación en numerosos ámbitos que sufren colectivos e individuos que se identifican como musulmanes o que son leídos como tales. Esta violencia discriminatoria puede variar enormemente, desde los insultos y agresiones físicas en la calle, las dificultades para encontrar trabajo que tienen sobre todo las mujeres que llevan hiyab, la estigmatización del islam y de los musulmanes en los libros de texto escolares, el (ab)uso de la terminología islámica por parte de los medios de comunicación, hasta el negocio de determinados cursos y másteres universitarios sobre terrorismo o las políticas de securitización que convierten a las poblaciones musulmanas en comunidades sospechosas (Téllez, 2018).

Para que se reconozca formalmente la existencia de la islamofobia y se tomen las medidas necesarias para frenarlo, las actividades que desarrolla Stop Islamofobia son múltiples. Por un lado, la asociación se dedica a la elaboración de informes, artículos y material audiovisual didáctico para concienciar a la sociedad en su conjunto de la discriminación que sufren las y los musulmanes en España. Otra parte importante del esfuerzo activista se vuelca en la traducción de informes de investigación u otros textos o trabajos audiovisuales provenientes de autores de países como Reino Unido, Francia o Estados Unidos, sobre temas relacionados con el racismo, la islamofobia, las políticas securitarias, situaciones de precariedad u otras injusticias tanto nacionales como internacionales que viven las y los musulmanes en muchos lugares del mundo. Asimismo, se traduce al español el material de sensibilización (folletos, guías, informes) elaborado por diferentes instituciones europeas y que va dirigido a la población en general, a las personas musulmanas en particular o a las fuerzas de seguridad, sobre cómo actuar en casos de delito o discurso de odio o contra el racismo antimusulmán.

Hiyab

En cuanto al racismo antimusulmán dirigido a las musulmanas que llevan hiyab, las mujeres de Stop Islamofobia, que se consideran y declaran feministas, defienden el derecho de cada mujer a vestirse como decida y, en consecuencia, el uso del hiyab en todos los ámbitos cuando la decisión de llevarlo haya sido tomada por la propia musulmana. Independientemente de si ellas mismas llevan hiyab o no,[33] no dudan de que, de acuerdo con su interpretación del Corán, su discurso y forma de ser feminista es compatible con la fe islámica. Están en total desacuerdo con determinados comunicados emitidos por entidades y personas religiosas, como la carta enviada en el mes de octubre de 2019 por la Comisión Islámica de España (único órgano de representación de las comunidades musulmanas ante el Estado) a un instituto de Gijón (La Voz de Asturias, 2019), en la que se insistía en que el hiyab es una obligación islámica para las musulmanas. Por otro lado, consideran indudablemente islamófobo el discurso anti-hiyab y laicista que varios grupos de mujeres, que se identifican como norteafricanas y feministas (www.nonos taparan.org) difunden en las redes sociales, medios de comunicación, libros y conferencias, por alimentar el racismo contra las mujeres que llevan el pañuelo, en particular, y contra las poblaciones musulmanas, en general.[34] Un ejemplo es el manifiesto "un 8 de Marzo sin velos" que publicó el Colectivo Feminista Norteafricano *Neswía*,[35] en marzo de 2020, con ocasión al Día Internacional de la Mujer. El manifiesto iba dirigido a todas las plataformas del 8M pidiendo su adhesión al mismo,[36] mediante una campaña en las redes sociales con la etiqueta #8MdiaSinHiyab. Otra muestra del discurso de este colectivo es su ferviente oposición[37] al Dia Mundial del Hiyab, un evento creado en 2013 por Nazma Khan, una musulmana que lleva hiyab nacida en Bangladesh y que vive

---

[33] Aproximadamente una quinta parte de las miembros de Stop Islamofobia lleva hiyab.
[34] Sara R. Farris denomina "femonacionalismo" estas corrientes antislam en su obra *In the Name of Women's Rights. The Rise of Femonationalism* (2017).
[35] La palabra neswía, en árabe نسوية, significa feminista.
[36] El manifiesto puede leerse en https://docs.google.com/forms/d/e/1FAIpQLScuvKe4 NwXwFuCGQfSubNh0l8_LzGwFUpEJN0nwVrvO-tlESw/viewform o https://nonostapa ranblog.wordpress.com/2020/03/07/manifiesto-8m/.
[37] Por ejemplo, desde la cuenta Twitter (X) de Neswía con el mensaje "A todas las fuerzas feministas. Vamos a bombardear las redes con el #NoHijabDay. Nos asesinan, nos matan, nos agreden, nos obligan a llevar el velo. ¡No hay días del Hijab!" el día 1 de febrero de 2020.

en Nueva York. Desde aquel año, cada 1 de febrero se celebra este Día Mundial del Hiyab para luchar en contra de la discriminación y a favor de la diversidad y de la libre elección por parte de las mujeres que deseen llevar hiyab. Stop Islamofobia apoya esta iniciativa, no porque pretenda promover el uso del pañuelo islámico (de hecho, gran parte de sus miembros no lo llevan), sino porque está en contra de la islamofobia que sufren las mujeres musulmanas que llevan el hiyab. Consideran que estas voces de un grupo de mujeres magrebíes pretenden anular la capacidad de decisión de las musulmanas y que están fomentando la violencia discriminatoria contra ellas ya existente en otros segmentos de la sociedad.

Alianzas

A la hora de combatir estas prácticas discriminatorias antimusulmanas, las alianzas tienen una enorme importancia, ya sea en las tareas de sensibilización, de apoyo a las víctimas de islamofobia o reivindicando al Estado español el desglose de los datos sobre los hechos correspondientes al racismo antimusulmán. Para ello, Stop Islamofobia procura crear y mantener redes a todos los niveles posibles: internacional, nacional y local. A nivel internacional y desde el inicio de sus actividades,[38] se coopera con la Oficina de Instituciones Democráticas y Derechos Humanos (OIDDH), que, como ya se indicó, depende de la OSCE,[39] y entre cuyas tareas está la de proporcionar apoyo, asistencia y experiencia a los Estados participantes y a la sociedad civil para promover la democracia, el Estado de derecho, los derechos humanos, la tolerancia y la no discriminación (https://www.osce.org/odihr). Tanto para la sociedad civil como para la OIDDH, las relaciones de intercambio de información y apoyo mutuo con organizaciones de la sociedad civil en los diferentes países resultan muy importantes. Casi todas las miembros de Stop Islamofobia dominen la lengua inglesa y otros idiomas, lo que facilita mucho el trabajo a nivel internacional en la comunicación con estos organismos internacionales, donde no sobran actores de la sociedad civil española. La labor de traducción, o la recopilación de información para las bases de datos sobre islamofobia, se hace de forma voluntaria, sin recibir ninguna remuneración específica a cambio, pero con la esperanza que estos contactos pueden ser de

---

[38] Ya que estas relaciones se habían establecido con anterioridad a la creación de Stop Islamofobia.

[39] Una institución que en la actualidad está compuesta por 57 países, que, entre otros, incluyen España, Estados Unidos, Canadá y todos los países de la Unión Europea. La OIDDH debe vigilar el cumplimiento por parte de los Estados de su compromiso con la dimensión humana de la seguridad. Según se indica en su página web (www.osce.org/odihr/what-is-the-human-dimension), el concepto de seguridad que maneja la OSCE incluye los derechos humanos y cuestiones democráticas.

utilidad en el desarrollo de una estrategia ante la pasividad de las instituciones españolas en reconocer y tomar la islamofobia en serio. La OIDDH organiza distintos seminarios de formación, por ejemplo, sobre los delitos y discurso de odio (*hate speech*) para ONG de ámbito estatal y a los cursos organizados en España se invitaba también a Stop Islamofobia. Estos seminarios persiguen efectivamente un objetivo múltiple: contribuir a la creación de posibles alianzas locales, intensificar las relaciones con la institución paneuropea OIDDH y promover un aprendizaje mutuo sobre las situaciones que viven otros colectivos, incluyendo la aporofobia, el antigitanismo o el odio contra las personas con diversidad funcional. Las colaboraciones internacionales entre Stop Islamofobia y entidades de la sociedad civil musulmana en otros países europeos, mediante la labor de preparación y presentación conjunta de las propuestas de proyectos, sirven para fortalecer las redes internacionales entre personas y entidades musulmanas, que viven en diferentes países europeos, experiencias y situaciones de discriminación muy similares, y de esta forma construyen nuevos espacios de un contrapúblico subalterno musulmán internacional desde el cual se trabaja conjuntamente en contra de la islamofobia.

Debido a la centralidad que ocupa el poder presionar desde Europa para insistir en sus reivindicaciones en España, Stop Islamofobia forma asimismo parte de diversas redes europeas que engloban a entidades de la sociedad civil musulmana de diferentes países, como por ejemplo la *European Forum for Muslim Women* (EFOMW, https://efomw.eu/), la *European Network of Women of African Descent* (ENWAD, https://enwad-eu.org/) o la *European Network Against Racism* (ENAR, www.enar-eu.org/). ENAR es una red paneuropea, constituida en 1998 por un grupo de activistas que buscaban cambios legales a nivel europeo en defensa de la igualdad racial. Hoy en día es una organización financiada en aproximadamente un 70% por la Comisión Europea, cuyo objetivo es facilitar la cooperación a organizaciones de la sociedad civil europea que luchan contra el racismo. La participación en la red ENAR facilita, entre otras, el acceso a determinadas conferencias (bianuales y llamadas "*high level*") organizadas por la Comisión Europea, a través de su *Coordinator on combating anti-Muslim hatred*,[40] y enfocadas en la lucha contra el odio

---

[40] El puesto de Coordinador fue creado por la Comisión Europea en 2015 con el fin de coordinar a nivel europeo las políticas de la lucha contra el odio antimusulmán. En abril de 2018, durante mi estancia de investigación en la Universidad de Amsterdam, pude asistir a (parte) de la conferencia "*high level*" a la que asistía el entonces coordinador David Friggieri (en el Ministerio de Asuntos Sociales en La Haya). La reunión con el coordinador Tomasso Chiamparino de junio de 2019 se organizó en Madrid y contó con la asistencia y participación de la Asociación. Asimismo, el 11 de diciembre de 2019 el coordinador Chiamparino inauguró la conferencia "Desmontando la islamofobia" organizada por la Asociación Marroquí en Málaga.

antimusulmán. En estas se requiere la presencia de la sociedad civil musulmana y Stop Islamofobia, como representante de la sociedad civil musulmana española, suele participar en dichas conferencias y talleres, a través de los cuales, además, ha podido establecer alianzas con entidades musulmanas de otros países europeos. Un ejemplo concreto es la creación de la Coalición contra la Islamofobia en Europa, formada por numerosas entidades musulmanas de la sociedad civil de países europeos como Bélgica, Francia, Países Bajos, Hungría, Grecia, etc. Juntas forman una plataforma informal desde la cual acuerdan y formulan recomendaciones en nombre de la sociedad civil musulmana a las instituciones europeas. Aunque en Stop Islamofobia se es consciente de que combatir el racismo antimusulmán estructural desde las instituciones europeas y la política representativa resulta complicado, prima la esperanza de conseguir medidas concretas en el plano nacional y mediante la cooperación con organizaciones internacionales. Desean que estas alianzas europeas sirvan para poder presionar al gobierno español y a sus Ministerios correspondientes (Justicia, Interior, Inclusión, Educación, etc.) sobre los diversos asuntos que incumben a las poblaciones musulmanas que viven en España, como la segregación de los datos de la islamofobia en España o la revisión de los libros de textos escolares para ser más inclusivos. No obstante, no ignoran que estas mismas redes aceptadas y algunas financiadas por las instituciones europeas, a veces pueden complicar la colaboración entre organizaciones de la sociedad civil, imponiendo y controlando quiénes pueden formar parte del entramado oficial europeo.

En Madrid, Stop Islamofobia mantiene una red de contactos muy variada, desde otros colectivos objeto de discriminación hasta instituciones locales como la Unidad de Gestión de la Diversidad de la policía municipal. Otra de las alianzas locales importantes para la asociación fue la establecida con la Asamblea Antirracista de Madrid. Desde el año 2017 se organiza anualmente en Madrid en el mes de noviembre una manifestación contra el racismo estructural e institucional del Estado español, organizada por los propios colectivos históricamente discriminados, "sin ningún tipo de tutelaje, por personas migrantes y españolas racializadas" (Guerra, 2017). Stop Islamofobia participó en la manifestación de noviembre de 2018, realizando el recorrido desde Cibeles a Sol en el centro de Madrid y como asociación se firmó el manifiesto leído por varios representantes de SOS Racismo al final del recorrido:

> [...] para constituir un sujeto político racializado que de una vez por todas haga que nuestra voz sea escuchada, y que desde la autonomía política reivindique el espacio que nos pertenece. En definitiva, apelamos a la construcción de la herramienta política que ha de servir a la emancipación de todos los colectivos no blancos del Estado español, de los de más abajo de los de abajo... (Esracismo, 2018)

En cuanto a la manifestación antirracista del 17 de noviembre de 2019, algunas miembros de Stop Islamofobia participaron activamente en su preparación, asistiendo a las reuniones mensuales de la Asamblea, asumiendo una parte del trabajo en las redes sociales y, por lo tanto, creando una red y vínculos locales con otras personas y colectivos objeto de discriminación.

Las alianzas son necesarias, aunque a veces resultan de corta duración. En ocasiones las colaboraciones se rompen definitivamente, en tanto que en otras se trata de interrupciones temporales. Los motivos varían. Por un lado, están las desavenencias personales, frecuentes en muchos ámbitos de la vida, incluyendo el del activismo. También la precariedad de la vida activista y la confrontación diaria con la violencia que afecta a tantas personas son factores importantes. La falta de reciprocidad en, por ejemplo, el apoyo en las redes sociales o el intercambio de datos para preparar informes o artículos, cansa y complica a veces la posibilidad de seguir adelante con el trabajo. Otra razón se encuentra en el propio proceso dinámico de aprendizaje. En el caso concreto de Stop Islamofobia, por ejemplo, en la medida en que sus miembros aumenten su conocimiento por las investigaciones y por los contactos con otros colectivos que informan sobre sus experiencias, (parte de) el discurso de Stop Islamofobia evoluciona y se transforma. Ha habido un desarrollo respecto a las reivindicaciones que se dirigen al Estado, desde la reivindicación de los derechos religiosos del Acuerdo de Cooperación firmado en 1992, a un discurso más amplio, primero de derechos humanos, y actualmente en combinación con un discurso antirracista. Sin embargo, se es consciente del riesgo de una invisibilización religiosa mediante la minimización de los aspectos religiosos de la discriminación (Gil Flores, 2019). El conocimiento que se va acumulando por experiencia vital, así como por el estudio de informes y trabajos internacionales relacionados con la lucha contra el racismo antimusulmán, contribuye a modificar a veces las perspectivas y posicionamientos. Pueden surgir desacuerdos en cuanto al enfoque que se quiere dar a un proyecto, o se decide retirar la participación de un evento por haberse enterado de que el acontecimiento cuenta con financiación de organizaciones consideradas participes del "negocio de la islamofobia", en palabras de Nathan Lean (2012).[41]

Contra la estigmatización del islam en las escuelas

En noviembre de 2018 Stop Islamofobia tuvo conocimiento de una nueva unidad didáctica titulada "Terrorismo en España" cuando esta fue presentada por los Ministerios del Interior y Educación. El contenido de la unidad fue

---

[41] Por ejemplo, actividades relacionadas con cursos de prevención de la "radicalización" o conferencias sobre el terrorismo "yihadista".

elaborado por ambos ministerios en colaboración con la Fundación Víctimas del Terrorismo y el Centro Memorial de las víctimas del terrorismo. Dicha unidad didáctica, cuyo objetivo es que "las nuevas generaciones tengan una noción clara de cómo España ha sufrido por culpa del terrorismo incompatible con los derechos humanos" (RTVE.es, 2018), es la primera parte de un total de siete unidades que constituyen el proyecto "Memoria y Prevención del Terrorismo", destinado a alumnas y alumnos de la ESO y Bachillerato. La impartición del contenido de la primera unidad, que contiene cuatro sesiones con ejercicios prácticos y un listado de recursos online (RTVE.es, 2018) estaba prevista para la asignatura obligatoria de Geografía e Historia de 4º de la ESO, comenzando el curso 2019/2020. Al tener Stop Islamofobia conocimiento de esta nueva materia escolar, y tras confirmar que fue elaborada sin haber consultado a (ningún representante de) las comunidades musulmanas, se realizó un exhaustivo análisis de su contenido. La conclusión fue que la unidad debería ser modificada sustancialmente o retirada, no solo por la persistente asociación entre islam y terrorismo y el mal uso de una terminología perteneciente a la doctrina islámica,[42] sino sobre todo porque se trata de un contenido preocupante y desprovisto de la neutralidad exigida en la educación, que va dirigido a alumnos menores, pudiendo generar un clima de tensión y malestar en las aulas entre todos los jóvenes menores (no solo musulmanes, vascos, gallegos o catalanes). Por este motivo, una primera acción de esta asociación fue el envío de una carta al Defensor del Pueblo, a la que éste le respondió no tener competencia al respecto, pero que iba a remitir dicha carta al Ministerio de Educación. Después, la asociación musulmana publicó un comunicado de prensa con un análisis minucioso de la materia y su opinión negativa sobre dicha unidad didáctica, pidiendo a los órganos competentes una revisión profunda o su retirada, así como un enfoque más centrado en los derechos humanos en el currículo educativo español. Otras entidades musulmanas y no musulmanas también se quejaron ante el Ministerio:

> Les metes la pastilla... Nosotros lo hemos contestado, lo hemos protestado. [...] Y, de hecho, la comunidad académica ha dicho 'os habéis pasado siete pueblos'... [entrevista Nora, dirigente entidad religiosa, noviembre de 2019]

Pese a las protestas, las siete unidades didácticas del proyecto "Memoria y Prevención del Terrorismo" para alumnos de 4º de la ESO y 2º de Bachillerato

---

[42] Por ejemplo, malinterpretando conceptos islámicos como *sharía* o *yihad*.

siguen aún años después en un formato descargable en las páginas web de los Ministerios de Educación y del Interior.[43]

Recapitulación

Son varias las voces que se erigen en la esfera pública hegemónica para luchar contra la discriminación de las personas musulmanas, aunque solo unas pocas lo hacen desde una subjetividad política que se autodefine como musulmana. De entre ellas, la asociación Musulmanes contra la Islamofobia, formada por personas (nuevas) musulmanas que poseen la nacionalidad española, destaca por su reivindicación en pos del cumplimiento de derechos religiosos islámicos,[44] como la educación religiosa islámica (ERI) o un menú halal en los centros educativos, así como espacios en los cementerios para los enterramientos islámicos, exigiendo su aplicación a las administraciones y presentando sus demandas en los tribunales correspondientes. Adicionalmente, desde esta entidad se intenta combatir el discurso de odio pronunciado por políticos y periodistas, presentando denuncias en las fiscalías y otros órganos correspondientes, solicitando asimismo una financiación para las comunidades islámicas similar a la que recibe la Iglesia Católica.

Estas reivindicaciones relacionadas con el cumplimiento de los derechos religiosos y con la protección contra la discriminación que sufren las personas musulmanas, las hacen en la esfera pública hegemónica, dirigiéndose a las diferentes instituciones judiciales y políticas del Estado o de la Generalitat de Catalunya. No obstante, la mayoría de sus demandas no han sido admitidas a trámite, ni aceptadas por los tribunales, ni tenidas en cuenta por las autoridades, para quienes aparentemente la única vía de comunicación válida es la que existe con la CIE. Por tanto, las acciones dirigidas a las autoridades no parecen redundar en el reconocimiento de su subjetividad política. Únicamente a nivel local municipal se está consiguiendo algún avance puntual por ejemplo respecto a los cementerios islámicos.

Frente a la hostilidad hacia ellas en la sociedad en general, otras voces han reaccionado creando un espacio seguro para jóvenes musulmanas, donde pueden hablar con libertad sin que nadie les imponga un discurso o una imagen. Juntándose en asociaciones y moviéndose, asimismo, por las redes en

---

[43] www.interior.gob.es/opencms/es/servicios-al-ciudadano/tramites-y-gestiones/ayudas-y-subvenciones/ayudas-a-victimas-de-actos-terroristas/unidades-didacticas-del proyecto-educativo-memoria-y-prevencion-del-terrorismo/ y https://sede.educacion.gob.es/publiventa/el-terrorismo-en-espana-unidad-didactica-para-geografia-e-historia-4-eso cuad ernillo-para-el-profesorado/educacion-secundaria-historia-geografia/22970 [última co nsulta: 15 de octubre de 2023].

[44] Los derechos otorgados en el Acuerdo de Cooperación firmado en 1992 el Estado y la Comisión Islámica de España en 1992.

un espacio principalmente musulmán, se dirigen en primer lugar a jóvenes musulmanas como ellas, para luego, desde ese espacio seguro, mostrar a la sociedad no musulmana que en un país con libertad religiosa tienen los mismos derechos civiles y que son ciudadanas, independientemente de su religión.

Existe además un discurso minoritario, aunque con fuerza y autoridad, por parte de un grupo de actores jóvenes con formación universitaria y de origen magrebí, que levanta la voz asumiendo la categoría de "moro", es decir, se dirigen al Estado español asumiendo la categorización del "otro por antonomasia" y denunciando el racismo estructural y colonizador.

La primera entidad que surgió específicamente para combatir la islamofobia, formada por personas (nuevas) musulmanas y no musulmanas con nacionalidad española, alzando la voz desde la posición subjetiva de ciudadana, ha cesado sus actividades. La falta de medios humanos y materiales dificulta la labor (que ya por sí es complicada) de monitorización de los incidentes y delitos de odio antimusulmán. Además, la consideración de que se trata de una responsabilidad del gobierno, de que el trabajo de monitorización está de antemano sesgado y que con esta labor se está contribuyendo a la construcción de un perfil demasiado victimista de la población musulmana, desincentivan la dedicación de esfuerzos a este objetivo.

Como actor de la sociedad civil musulmana que conoce el sufrimiento por el racismo antimusulmán de primera mano, Stop Islamofobia levanta la voz desde una posición subjetiva "musulmana" para visibilizar y reaccionar contra las prácticas discriminatorias, reivindicando al Estado protección contra dichas prácticas racistas. Un primer paso para poder desarrollar esa protección necesaria, considerado básico por esta asociación y por las instituciones internacionales, pasa por el reconocimiento por parte del Estado de la existencia de la islamofobia mediante el desglose de los datos relativos a los delitos de odio antimusulmán. No obstante, en 2021 las autoridades del Ministerio del Interior no han accedido aún a las demandas formuladas por parte de Stop Islamofobia, resultando en una invisibilidad tanto de las reivindicaciones como del propio sujeto demandante como interlocutor válido. En consecuencia, los intentos de ganar voz como musulmanes para luchar contra la islamofobia dentro de la esfera pública hegemónica española no parecen dar el resultado deseado. Cabe recordar que, desde órganos pertenecientes a ese mismo Ministerio, se organizan los cursos de formación de "prevención de la radicalización" estigmatizadores de la población musulmana.

Una estrategia alternativa para superar el silenciamiento por parte de las autoridades españolas y visibilizar sus reclamaciones, es dirigirse al espacio institucional internacional. Esto se consigue construyendo alianzas con distintas organizaciones supranacionales europeas, encargadas con la defensa de los derechos humanos en los países partícipes, como son la OIDDH, el Consejo de Europa o la *European Network Against Racism*. Dichas entidades sí reconocen a

Stop Islamofobia como interlocutora y representante de la sociedad civil musulmana española en materia de discriminación antimusulmana, ya que cuentan con ella y sus miembros para las reuniones de trabajo y el intercambio de información. Mediante el apoyo internacional ese agente de la sociedad civil musulmana pretende presionar indirectamente al Estado español para que este cumpla con las recomendaciones hechas desde el ámbito institucional supranacional respecto a la protección de las y los musulmanes que viven en España. Como dice mi interlocutora Fátima, "hay que estar en Europa para presionar en España."[45]

En paralelo, y debido a los contactos establecidos previamente en las reuniones organizadas (y pagadas) por las instituciones europeas (en ciudades como Oslo, Bruselas y Madrid), se está formando un contrapúblico subalterno musulmán (Zine y Bala, 2019) y transfronterizo, a través de la cooperación con asociaciones musulmanas de otros países europeos. Ejemplos son la Coalición Europea (informal) contra la islamofobia y el trabajo conjunto para la presentación de proyectos a convocatorias de financiación europeas. En este sentido, y de acuerdo con Sassen (2004), la subjetividad política local de una asociación como Stop Islamofobia, se está transformando mediante la participación en la construcción de esferas públicas globales y en espacios transnacionales virtuales.

Pese a la escasez de recursos que padece la mayoría de las entidades musulmanas que trabajan contra la islamofobia en los distintos países europeos, experiencias similares por la discriminación contribuyen a un reconocimiento y apoyo mutuo entre ellas. Asimismo, la conectividad tecnológica facilita tanto el acceso a una esfera transfronteriza, cada una desde su ubicación física local, como la creación de un contrapúblico musulmán internacional.

---

[45] En una conversación de octubre de 2019.

Capítulo 5

Frente a la pobreza

"Las alitas nuestras son cortitas"

[Warda, dirigente asociación sociocultural] [1]

Supervivencia asociativa

De acuerdo con el análisis del discurso colectivo al que se viene haciendo referencia, puede afirmarse que la identidad grupal de los hombres y las mujeres migradas desde Marruecos se basaba en una extranjeridad trabajadora, cuya máxima preocupación era sobrevivir mediante un empleo que les permitiera llegar al fin de mes. Dentro de esta posición, una fracción minoritaria de hombres defendía la organización colectiva para mejorar su situación socioeconómica, mientras que una parte de estas mujeres reivindicaba su diferencia religiosa -extranjeridad musulmana-, incluso participando en la organización de alguna iniciativa colectiva.[2] Siguiendo a Gramsci (1986: 27), cualquier brote de iniciativa autónoma presente en las clases subalternas es de inestimable valor. Este convencimiento provocó que, durante la investigación me acercara a una iniciativa reciente promovida por un grupo de mujeres migradas marroquíes vecinas de una de las zonas más desfavorecidas de la Comunidad de Madrid, la Cañada Real Galiana.

En agosto de 2018, un grupo de mujeres, procedentes de Marruecos y que se habían establecido con sus familias en la Cañada Real desde finales de los años 90, decidió constituir una asociación con el objetivo de mejorar sus condiciones de vida y la de sus familias. La idea de crear una asociación había surgido un año antes y fue apoyada desde el inicio por el equipo de Cruz Roja Rivas Vaciamadrid, con el que algunas de estas mujeres estaban en contacto. Aunque los motivos para crear la asociación fueron diversos, el objetivo principal era desarrollar de forma conjunta oportunidades de trabajo. Querían dedicarse profesionalmente como autónomas a la cocina y a la costura para contribuir a la economía familiar y mejorar las posibilidades futuras de sus hijos e hijas.

---

[1] Dicho por la presidenta de la asociación Juntas por la Mejora en varias de nuestras muchas conversaciones.
[2] Una recogida de firmas para solicitar conjuntamente un menú halal en la escuela de sus hijos e hijas.

La zona habitada de la Cañada Real Galiana ocupa unos 16 kilómetros y se reparte entre los municipios de Madrid (Villa de Vallecas y Vicálvaro), Coslada y Rivas Vaciamadrid, hasta el término municipal de Getafe. Su división en seis sectores fue creada por los propios vecinos y vecinas.[3] Los más de 1.600 habitantes (en 2016) del sector donde vive la mayoría de las mujeres de la asociación, son familias españolas gitanas y no gitanas, así como personas de origen extranjero, en su mayoría de Marruecos y Rumania, viviendo todas en condiciones de precariedad socioeconómica. Muchos de los vecinos perdieron sus puestos de trabajo en la construcción durante la crisis de 2008 y lidian diariamente con problemas de vivienda, infraestructura y salubridad, aparte de la estigmatización que supone vivir en este barrio. En el 2020, la asociación Juntas por la Mejora la formaban unas veinticinco mujeres, todas de origen marroquí, y sus edades están comprendidas entre los 20 y los 45 años. Pocas de ellas tienen un trabajo fuera de casa, la gran mayoría son madres que se dedican al cuidado de sus familias y hogares. La precariedad se experimenta también en forma de cortes de energía -que desde octubre de 2020 se convirtieron en permanentes-, falta de agua y de una adecuada red de saneamiento o del complicado acceso a tiendas y transporte público, por lo que las tareas relacionadas con el hogar consumen proporcionalmente más tiempo. Algunos maridos trabajan en jardinería, otros en la construcción y otros se han quedado sin empleo. Las y los hijos más pequeños suelen permanecer en casa, mientras que los que se encuentran en edad escolar acuden mayoritariamente a colegios e institutos de Rivas.

La mayoría de (pero no todas) las mujeres de la asociación son visiblemente musulmanas ya que llevan hiyab. Como colectivo se identifican como árabes trabajadoras migrantes. La entidad fue inscrita en verano de 2018 en el Registro de Asociaciones de la Comunidad de Madrid, siendo su ámbito territorial de actuación el municipio de Rivas Vaciamadrid. Las múltiples actividades que organizan para las mujeres y sus hijas e hijos tienen lugar tanto en Rivas, como en su barrio de la Cañada, dependiendo del espacio que necesiten y de quiénes participen. Antes de su constitución jurídica, un grupo de mujeres de la asociación ya participaba en las distintas actividades organizadas por algunas ONG en la misma zona. Con la creación de la asociación estas actividades han ido aumentando en número, diversidad e intensidad. Las mañanas de los miércoles y viernes hay clases de yoga[4] impartidas por profesoras profesionales que ofrecen sus servicios de manera voluntaria. También llevan a cabo talleres

---

[3] El sector donde vive la mayoría de las mujeres de la asociación tiene una extensión aproximada de dos kilómetros. Las parcelas con números pares corresponden al municipio de Rivas Vaciamadrid y los números impares pertenecen a Vicálvaro (Proyecto de Intervención Comunitaria Intercultural, 2016: 49-51).

[4] Más recientemente han incorporado clases de zumba a la oferta deportiva.

de costura y bordados, así como de decoración de velas para niñas, niños y personas adultas, que imparten las propias mujeres de la asociación. Adicionalmente se organizan e imparten clases de lengua árabe y lengua española para combatir el analfabetismo entre las propias vecinas. Las profesoras son varias mujeres de la asociación, así como una voluntaria de Cruz Roja con la que han podido contar durante un tiempo para las clases de español. Otro objetivo de estas actividades, dirigidas a mujeres acostumbradas a permanecer gran parte de su tiempo en casa, es facilitarles momentos fuera que puedan dedicar a sí mismas. Varias de ellas forman parte desde hace algunos años de un grupo de teatro para mujeres fundado en 2011 por la Fundación Voces, mientras que sus hijos e hijas participan en los talleres de música, teatro y audiovisuales que también dirige esta Fundación. La asociación, que mantiene buenas relaciones con el Ayuntamiento de Rivas Vaciamadrid y como otras asociaciones ripenses, tiene a su disposición un despacho en la Casa de las Asociaciones municipal. La asociación también puede usar las instalaciones en el centro socio-comunitario ubicado en el Sector V de la Cañada. Este edificio vanguardista fue obra de Recetas Urbanas y estuvo promovido por el Comisionado para Cañada Real Galiano del Ayuntamiento de Madrid. Su construcción, de octubre de 2018 a junio de 2019, estuvo muy vinculada a la participación de las mujeres y de sus familiares. Aparte de actividades como las clases, talleres y reuniones mencionadas, la asociación participa asimismo en determinados eventos específicos. Desde 2018, el primer año de su existencia, la asociación participa en el festival internacional de cine "16KMs" organizado por la Fundación Voces. Dicho festival se celebra anualmente, desde 2016, durante dos semanas en la Cañada Real. En la IV Edición del festival, que tuvo lugar en la segunda quincena de noviembre de 2019, las mujeres se hicieron responsables de la organización de una fiesta marroquí un sábado de noviembre, en la cual se simulaba una boda marroquí, con un desfile de kaftanes y un grupo de músicos marroquíes que tocaba en directo. La fiesta fue organizada en el centro socio-comunitario donde también habían organizado una exposición de ropa y manteles de mesa, y donde se vendía comida típica magrebí: mesas abundantes de dulces, salados y té a la menta, así como las velas decoradas por los miembros de la asociación. Aparte de organizar la fiesta cultural marroquí, las mujeres también participaron en los talleres de teatro y de cocina árabe-latina, entre otras actividades. Otro proyecto que contó con el trabajo de las mujeres de la asociación fue el Desfile de Alta Costura inclusivo, que tuvo lugar en febrero de 2020 en la Real Fábrica de Tapices. El núcleo de la asociación, formado por unas 8-10 mujeres, es muy activo en la comunidad de vecinos de la Cañada, asistiendo a las asambleas y reuniones en representación de sus vecinos/as, ayudando en la mediación de conflictos o proporcionando información sobre la solicitud del Ingreso Mínimo Vital u otra documentación, tanto de extranjería como para obtener ciertas ayudas sociales.

Desde su inicio la asociación ha participado en numerosos eventos muy variados, colaborando asimismo con diferentes organizaciones. En junio del

2018, la asociación estaba en pleno proceso de constitución formal y participó por primera vez en esta fiesta anual municipal[5] con una caseta llena de bordados y otro tipo de costura realizados por las mujeres miembros de la asociación. En el 2019 participó con un estand ya más amplio ofreciendo también un taller de henna,[6] aparte de exponer los trabajos de costura. La asociación ha desarrollado buenos vínculos con varias ONG que trabajan en la Cañada, como la Fundación Voces, otras asociaciones culturales de vecinos o la Fundación Secretariado Gitano, que junto con Accem son entidades beneficiarias de financiación por parte de la Fundación La Caixa para realizar proyectos de intervención comunitaria intercultural.[7] Colaboran también en desayunos vecinales en la Cañada Real, organizados por diferentes ONG y en los pueden intercambian ideas y expresar sus deseos de ser partícipes activas en la transformación de su barrio. Es aquí cuando, de acuerdo con Papadopoulos *et al.* (2008), aparece lo político: "cuando aquellas personas que no están representadas y cuyas capacidades permanecen imperceptibles, surgen dentro de la organización normalizadora del ámbito social" (2008: xv). Son las relaciones sociales y prácticas diarias para desenvolverse en la vida que se encuentran en el centro de las transformaciones sociales, frente a la política representativa, ese conjunto de prácticas e instituciones con las que se construye el orden social.

Objeto de política

Respecto a la política representativa, como colectivo asociativo y vecinas de la Cañada, estas mujeres se sienten ignoradas por los políticos, quienes ni siquiera en época electoral les vienen a visitar para darse a conocer, a pesar de que una parte de sus habitantes tiene el derecho a votar. Les gustaría recibirles en su barrio e intercambiar información.

El 31 de mayo de 2018, el Pleno del Ayuntamiento de Rivas Vaciamadrid aprobó el Reglamento de Laicidad Municipal (BOCM, 2019) con 19 votos a

---

[5] Cada año se celebra en Rivas Vaciamadrid la Fiesta de la Casa de Asociaciones. A principios de junio, el recinto de la Casa de Asociaciones se llena por las tardes de casetas y de gente donde las asociaciones ripenses dedicadas al deporte, a la cultura, a la cooperación internacional u otras actividades, se juntan y se presentan ante los habitantes del municipio.
[6] La palabra henna viene del árabe الحناء y refiere al tinte natural de color rojizo que puede usarse para teñir la piel y el pelo, muy común en Marruecos, entre otros países.
[7] El Proyecto de Intervención Comunitaria Intercultural (proyecto ICI) tiene como objetivo formar una sociedad "más cohesionada e integradora" por lo que pretende fomentar la interacción y convivencia en zonas con una diversidad cultural significativa. Está íntegramente financiado por la Fundación La Caixa y actúa en 36 zonas de intervención (en 32 municipios) https://elobservatoriosocial.fundacionlacaixa.org/-/proyecto-de-intervencion-comunitaria-intercultural-ici [última consulta: 15 de octubre de 2023].

favor y 6 en contra. Votaron en contra el Partido Popular (con 4 escaños) y Ciudadanos (2 escaños). La impulsora de la iniciativa legal había sido la Asociación Laica de Rivas que había trabajado desde los primeros meses de 2016 con el consistorio ripense para llevar a cabo este reglamento con el fin de "garantizar un trato sin discriminaciones ni privilegios" a las organizaciones religiosas de cualquier índole. El día 22 de junio, es decir una semana después del fin oficial[8] del mes de Ramadán de ese año, las mujeres pertenecientes a la asociación organizaron para los vecinos de Rivas una fiesta comunitaria representando un *iftar*, con el fin de darse a conocer como asociación recién constituida entre los y las vecinas de Rivas, ofreciendo una degustación de platos de comida y bebidas magrebíes, así como un taller de henna. El Partido Popular de Rivas, habiéndose percatado del cartel de anuncio de la fiesta del fin de Ramadán, acusó al gobierno municipal[9] dos días antes de la fiesta de contravenir varios artículos del Reglamento de Laicidad Municipal por participar como organizador en un acto con connotaciones religiosas. El consistorio respondió que no habían organizado el evento, sino que se habían limitado "a dar soporte al acto a través del Equipo de Intervención en Barrios Vulnerables […] al igual que hace con otro tipo de eventos de entidades privadas y asociaciones, o con la Iglesia católica, en el caso, por ejemplo, de las procesiones que se desarrollan por el municipio" (Diario de Rivas, 2018). Una semana después, el 27 de junio, la Asociación Laica de Rivas publicó en su página web un comunicado en el que lamentaba el error cometido por el Ayuntamiento al introducir su logo y la palabra "organiza" en el cartel anunciador de la fiesta que con motivo del fin de Ramadán había organizado la asociación de mujeres árabes, a la vez que "saluda la presteza del Grupo Municipal Popular de Rivas en poner de manifiesto este hecho, a pesar de que votó en contra de la aprobación del Reglamento de Laicidad" (Asociación Laica de Rivas, 2018).

Cabe recordar que la asociación formada por estas mujeres magrebíes es una entidad sociocultural. Ni sus objetivos ni sus reivindicaciones son de índole religioso. La actividad abierta a las y los vecinos que organizaron era un acontecimiento sociocultural, de presentación y participación pública, que celebraba la diversidad cultural, mediante la preparación y el ofrecimiento de unos platos y postres de comida árabe a los vecinos de Rivas. La asociación terminó siendo objeto de discusión entre partidos políticos y otras partes interesadas, impidiendo que el evento organizado les visibilizara como sujetos de la interacción social. En la política representativa no ha de sorprendernos

---

[8] El calendario islámico es lunar por lo que cada año el inicio y el fin de Ramadán son diferentes.
[9] Gobernado entonces por Izquierda Unida-Equo-Más Madrid junto con el PSOE y Podemos.

el aprovechamiento de una norma por un partido que, pese a haber votado en contra de la misma, la usa para arremeter contra un rival político. En el caso concreto del Reglamento de Laicidad de Rivas Vaciamadrid, fue el Partido Popular quien, habiéndose manifestado rotundamente en desacuerdo con dicha normativa, acusa al gobierno municipal de incumplir el reglamento, argumentando razones relacionadas con el supuesto carácter religioso del evento.[10] Mientras el PP recibió apoyo por parte de la Asociación Laica de Rivas, fue notable el ninguneo de las mujeres por parte de ambas formaciones. Gil Flores (2019) señala el laicismo como uno de los tres ejes[11] a los que se vincula la islamofobia de la izquierda. En esta línea, la reacción de la UCFR (véase el capítulo 4) ante las declaraciones por Josep Bargalló consideradas por la asociación catalana Musulmanes contra la Islamofobia como constituyentes de discurso de odio al aprovechar dichas declaraciones para solicitar la apertura de un debate sobre la laicidad de la escuela, puede interpretarse como un apoyo a la islamofobia institucional. Retomando lo dicho (capítulo 2) por Vakil (2010) sobre la importancia de la circulación de la islamofobia como categoría social y lo expuesto por Massoumi *et al.* (2017) respecto al racismo estructural, son este tipo de acciones emprendidas por actores colectivos específicos en su persecución de algún beneficio, los que normalizan la invisibilización de una asociación de mujeres que luchan contra la precariedad. Convertidas en mero objeto de discusión, no se les considera como participantes en la interacción social y se deslegitima de esta manera cualquier iniciativa de agencia entre dichas mujeres.

Relaciones con las ONG

Desde la pandemia por la COVID-19, el tejido de relaciones que existe en la Cañada entre asociaciones vecinales, entidades sociales que trabajan allí, las administraciones de los ayuntamientos involucrados, así como las autoridades policiales y sanitarias, se ha visto intensificado. Cuando en marzo se declara el estado de alarma y el confinamiento obligatorio, varias mujeres de la asociación se dan cuenta de que las medidas de confinamiento y las instrucciones sobre

---

[10] En una conversación mantenida en febrero de 2020 en Ceuta con una persona militante de un partido político local de dicha ciudad autónoma, surgió una anécdota parecida. Narró que, en un debate electoral en Ceuta, el presidente local del Partido Popular, partido que había presentado un recurso de inconstitucionalidad contra la aprobación en 2005 del matrimonio entre personas del mismo sexo, preguntó a un representante de otro partido local, una persona de confesión musulmana, por sus opiniones sobre la homosexualidad, probablemente con intención de querer mostrar una imagen intransigente del islam con una finalidad claramente electoralista.
[11] Según el autor, los otros dos sería los lineamientos en política internacional y determinadas posturas del feminismo liberal (Gil Flores, 2019: 171).

lo prohibido y permitido, incluidas en los folletos informativos distribuidos por las autoridades locales, no estaban llegando a aquellos vecinos que no entendían la lengua castellana. Con el fin de ayudar a que esta información llegase a todas las familias (sobre todo de los sectores V y VI), la asociación decidió traducir estos folletos al árabe. Con la ayuda de otros vecinos consiguieron traducir dichos impresos al rifeño,[12] rumano y portugués. Posteriormente, tradujeron también los carteles distribuidos por los diferentes sectores de la Cañada con respecto al debido uso del agua, a la limpieza, al cuidado del medio ambiente, etc. Otra aportación importante por parte de la asociación durante ese tiempo fue su ayuda en el suministro de productos de primera necesidad a las familias más necesitadas, productos de higiene, pero también alimentos. Las mujeres siguen coordinando con Cruz Roja la entrega de los *kits* de productos básicos, ya que conocen a sus vecinos y saben dónde hace más falta (personas mayores, hijos con diversidad funcional, etc.). De esta manera han funcionado como intermediarias en la comunicación de las necesidades y distribución de los productos durante el confinamiento, intensificando sus relaciones con los servicios sociales de Rivas y Madrid (Vicálvaro). La asociación en realidad ha funcionado como un equipo incluido en la estructura del Proyecto ICI de la Fundación La Caixa en el territorio de la Cañada Real, sobre todo en los sectores IV, V y VI. Una labor que ha sido valorada muy positivamente por parte de la persona que coordina dicho proyecto y según la cual "habrá que seguir en las fases 1 y 2 del confinamiento."[13]

Las ONG que trabajan en la zona recogen información sobre estas iniciativas y actividades desarrolladas por las mujeres de Juntas por la Mejora y las documentan. Es el caso del citado Proyecto ICI, que financia a las entidades para que trabajen en el barrio como Accem, la Fundación Secretariado Gitano, Cruz Roja, ASPA y la Fundación Voces. También están informados la Oficina del Comisionado de la Comunidad de Madrid y el Ayuntamiento de Rivas. Por otro lado, a través de sus contactos con dichas ONG y el Ayuntamiento de Rivas las mujeres de Juntas por la Mejora tienen acceso a determinados programas de radio y periódicos locales, que a veces les entrevistan o donde pueden dirigirse para publicar algún artículo con el fin de difundir su labor y sus vivencias.

En los meses del verano de 2020, después de la intensidad de los trabajos de intermediación (todos gratuitos) durante el confinamiento, las mujeres de la asociación comenzaron a sentir un profundo malestar respecto al trabajo de varias de las ONG. Cada año, las ONG organizan un campamento de verano para las y los niños de la Cañada Real. Sin embargo, este año ninguna entidad

---

[12] El idioma rifeño es una lengua originaria de la zona del Rif, en el norte de Marruecos.
[13] De acuerdo con un mensaje telefónico por parte de esta persona a una miembro de Juntas por la Mejora.

lo había promovido posiblemente debido a la situación sanitaria. Las mujeres de Juntas por la Mejora no quisieron dejar a sus hijos e hijas sin campamento, sobre todo después de los meses confinados en casa, y decidieron organizarlo por su cuenta. La preparación de dos semanas de actividades fue muy compleja. Sin apenas medios, consiguieron llevar a cabo una escuela abierta de verano, no solo para sus propios hijos e hijas, sino también para otros muchos niños de los sectores IV, V y VI. Durante dos semanas, todas las mañanas de 10h00 a 14h00, las madres organizaban y acompañaban a los niños en todas las actividades. Posteriormente, desde una de las citadas ONG se ha difundido un vídeo del campamento en redes sociales y medios de comunicación, en el que no se hace ninguna mención específica a la labor esencial de las mujeres de la asociación, haciendo entender que el proyecto lo había desarrollado enteramente esa ONG. La falta de reconocimiento de su trabajo y el sentimiento de una apropiación indebida del mismo por parte de la ONG les ha hecho sentirse engañadas y su reacción ha sido un distanciamiento en las relaciones con las trabajadoras sociales correspondientes. La competición en la Cañada por el acceso a la financiación de proyectos y entidades es enorme. Numerosas ONG luchan por su parcela en el campo de los recursos económicos disponibles. Puede cuestionarse si la forma en la que realizan sus políticas contra la pobreza contribuye realmente a crear las condiciones materiales necesarias para que algún día estas mujeres puedan levantar su voz. Como dice Fraser, tratar a las personas como objeto de determinadas políticas no las transforma en sujetos políticos (2014: 138).

Respecto a las relaciones entre las organizaciones no gubernamentales y las familias migrantes, señala Fatiha El Mouali, miembro de la Unidad Contra el Racismo y el Fascismo de Granollers y una de las voces públicas que lleva ya más de una década explicando la realidad de las migrantes marroquíes musulmanas, que la precariedad obliga a estas mujeres a acudir a los servicios sociales y a ONG como Cruz Roja o Cáritas, pero que esas entidades terminan por ejercer cierto control sobre las familias ya que sus necesidades más básicas dependen de sus prestaciones. El Mouali, conocedora de estos temas por propia experiencia y también en su calidad de técnica de acogida durante quince años en el ayuntamiento de Granollers, apunta que la Ley de Extranjería ha limitado durante muchos años la voz y los movimientos de estas mujeres

Explica que

> hasta el 2010 estas mujeres no tenían derecho a trabajar por la Ley de Extranjería, que les obligaba quedarse en sus casas o en la economía sumergida. Los medios de comunicación y los trabajos académicos dicen que la mujer musulmana se queda en casa por cultura y no por la Ley de Extranjería, mientras el discurso político señala a los inmigrantes diciendo 'vienen aquí para las ayudas' (El Mouali, 2019a)

De igual manera, El Mouali cree que la escuela es otro lugar donde se invisibiliza a las madres marroquíes. Puesto que con frecuencia no se les reconoce autoridad, las mujeres renuncian a acudir a reuniones y entrevistas para evitar pasar momentos de incomodidad (El Mouali, 2019a). Según ella, existe un importante desafío de cara al colectivo de personas migrantes procedentes de Marruecos: acabar con la interiorización del discurso de que la culpa de su realidad es de ellas o de sus maridos (El Mouali, 2019). La activista dice ser "consciente de que la realidad no se cambia con charlas y conferencias" (2019b), y propone estrategias como la construcción de alianzas con otros colectivos de minorías o de mujeres, la necesidad de convalidar los títulos de formación obtenidos en origen o la entrada en espacios anteriormente "cerrados", como por ejemplo la academia, para modificar estas situaciones de invisibilización y de dependencia de los servicios sociales (El Mouali, 2019b). De todas formas, el caso de las mujeres de Juntas por la Mejora de la Cañada hace pensar en el análisis de Parvez (2017: 4) sobre las mujeres subalternas en Hydarabad. Dichas mujeres luchaban por conseguir una autonomía colectiva, construyendo comunidades políticas, buscando formación y autoempleo. Mientras en Hydarabad recibían el apoyo socioeconómico de las élites y activistas de la clase media musulmanas de su ciudad, en Madrid no parecen existir relaciones similares entre una élite musulmana que se ocupe de las personas musulmanas que viven en una situación precaria, sino que en la Comunidad de Madrid esta ayuda viene en parte de la administración local y de algunas ONG.

Sin embargo, el abandono total que sufren estas mujeres y sus familias desde el mes de octubre de 2020 por la falta de suministro de electricidad en sus casas parece indicar que ya ni siquiera interesan como objeto de política. En octubre de 2022, las familias de la Cañada Real Galiana llevaban ya dos años enteros sin luz, calefacción ni agua caliente. Ni el invierno más frío de la historia reciente de España -de enero de 2021-, ni las incontables manifestaciones y demás movilizaciones de protesta que han organizado o en las que han participado, han podido cambiar su situación que ya de por sí es precarizada. La flagrante falta de responsabilidad y actuación de las distintas administraciones y entidades privadas involucradas, junto con la indiferencia hacia este sufrimiento por parte de la sociedad en general, impiden que se ponga fin a la vulneración de los derechos más básicos. Pocos medios de comunicación[14] han mostrado apoyo infraestructural. No obstante, estas mujeres siguen luchando por sus

---

[14] Algunas excepciones son el diario El Salto (por ejemplo, www.elsaltodiario.com/crisis-energetica/canada-real-dos-anos-oscuras) o el Diario.es (www.eldiario.es/opinion/tribuna-abierta/festival-luz-canada-luz_129_8428822.html) [última consulta: 26 de abril de 2023].

familias y por conseguir que vuelva la electricidad a sus casas, mientras continúan reivindicando sus derechos como mujeres en sus propias comunidades y como migrantes trabajadoras en la esfera pública local.

Las consecuencias de esta continua falta de electricidad, sin que los poderes políticos corrijan la situación, relegan a las y los vecinos de la Cañada Real Galiana a una "verdadera categoría de seres vivientes devaluadas en cuanto cuerpos marginalizados" (Braidotti, 2018: 81). Es un ejemplo extremo de "no interpelación" (Hage, 2011), que les invisibiliza y también categoriza, dejando a familias enteras excluidas de las estructuras sociales, económicas y políticas. A pesar de todo este contexto, las mujeres de Juntas por la Mejora no han renunciado a participar políticamente, no han "elegido la salida" en palabras de Marwan Muhammad (2017), ni se quedan al margen de la sociedad. Precisamente la participación por parte de algunas mujeres de la asociación como actrices en una obra de teatro sobre la situación sin luz en la Cañada Real,[15] representado durante otoño de 2022 en un escenario céntrico de Madrid, muestra cómo pueden llegar a romper por completo con su *habitus* (Isin, 2012). Siguen rechazando y contestando el discurso hegemónico que les ignora y margina, pero en ese proceso performativo de subjetividad política no se percibe la expresión de una identidad "musulmana". Juntas forman parte de un contrapúblico subalterno local, desde el cual muestran su pertenencia a su barrio y a la sociedad madrileña, reivindicando en la esfera pública su existencia y reclamando un presente y futuro mejor para sus hijas e hijos.

---

[15] La obra se titula "400 días sin luz", escrita por Vanessa Espin y dirigida por Raquel Alarcón y fue escenificada entre octubre y noviembre de 2022 en el Teatro Valle Inclán de Madrid.

Capítulo 6

Frente al futuro

"Hay muchas maneras de entender qué es lo prioritario en el islam. Nosotras hemos elegido esta visión de cambiar el mundo, de ser responsables del mundo."

[Entrevista a Hafsa, socia asociación sociocultural]

Responsables del mundo

La asociación *Cambio Futuro*, como lugar al que recurrir en caso de vivir una situación de discriminación por ser musulmanas, apareció de modo explícito en los grupos de discusión a los que se ha hecho referencia en el capítulo 3. Esta entidad, con sede en Madrid, fue creada en el año 2012 por y para mujeres jóvenes musulmanas, nacidas y/o plenamente socializadas en España, con el fin de ofrecer un espacio seguro y de apoyo para sí mismas. Surgió principalmente como una reacción contra la mala imagen que se estaba dando del islam y de las y los musulmanes en los medios de comunicación y en los debates públicos, por lo que estas jóvenes buscaban, entre otras cosas, presentar una contranarrativa para mostrar la compatibilidad entre la ciudadanía española y la musulmanidad, intentando reducir los prejuicios existentes, especialmente hacia las mujeres musulmanas. El núcleo "duro" de la asociación lo integran unas quince jóvenes. Desde el inicio, el equipo fundador de Cambio Futuro fue consciente del valor político que tenía crear una entidad de estas características, centrada en la participación de las mujeres musulmanas como ciudadanas de pleno derecho en distintos ámbitos del espacio sociopolítico y cultural.

[…] Cuando empezamos la asociación, empezamos pensando en ello como algo político por lo que es. Bueno, político por usar una palabra, en todos los sentidos en lo que es la vida real y que tiene un impacto en la vida de la gente... [entrevista Hafsa, enero de 2020]

A pesar de su juventud -en los inicios de la asociación la mayoría rondaba los veinte años y se encontraba realizando sus estudios universitarios-, se vieron plenamente implicadas en la toma de importantes decisiones sobre su papel y participación en conferencias internacionales, invitaciones de embajadas o sobre colaboraciones con determinados grupos religiosos. Ellas mismas fueron conscientes de lo que esto implicaba, pues más allá del ámbito privado sus acciones en el marco de la asociación transcendían las de cualquier grupo de amigas que se junta, por ejemplo, para practicar deporte o realizar otro tipo de actividades lúdicas.

> No es una asociación con tus amigos para jugar al futbol [entrevista Hafsa, enero de 2020]

Tanto antes como ahora, las socias y las jóvenes que acuden regularmente a los talleres y actividades sin ser socias, son estudiantes universitarias o licenciadas y graduadas. Algunas están trabajando y/o siguen estudiando, mientras las más jóvenes están haciendo educación secundaria o bachillerato. Muchas de ellas son visiblemente musulmanas por llevar el hiyab y la mayoría son hijas de migrantes procedentes de Marruecos. Las mujeres que crearon la asociación ya habían participado antes en otras entidades juveniles musulmanas con las que siguen en contacto, formando un tejido asociativo musulmán amplio e inclusivo de jóvenes en España. Con amigos y amigas en otras asociaciones socioculturales o entidades religiosas, coincidiendo con ellas en una *halaqa*,[1] acudiendo a diferentes mezquitas o participando en eventos organizados por otras organizaciones, etc., su círculo de amistades y relaciones sociales y los contactos con otras asociaciones no están restringidos a las jóvenes que asisten a las actividades de la asociación Cambio Futuro.

Durante los primeros seis años de su existencia, es decir, de 2012 a 2018, la asociación organizó numerosos eventos, actividades deportivas y acciones de voluntariado, sesiones de formación para aumentar los conocimientos, tanto islámicos como seculares, viajes al extranjero o excursiones por España, etc. En el otoño de 2017, las mujeres prepararon una gran fiesta para celebrar el quinto aniversario de la asociación, en un municipio al sur de Madrid. Las propias socias representaron varios sketches de teatro, escritos por ellas mismas, repasando los cinco años de vida de la asociación, todo en un ambiente acogedor, lleno de humor y energía y con cientos de asistentes. El evento contó también con momentos más serios mediante conferencias impartidas por tres mujeres musulmanas influyentes en distintas áreas[2] y queridas por estas jóvenes. Con los años se ha podido percibir cierta internacionalización de Cambio Futuro y de sus actividades, como muestran los viajes al extranjero, los contactos con entidades similares en otros países europeos, la asistencia a conferencias internacionales o el uso del inglés en sus comunicaciones en las

---

[1] Una *halaqa* (en árabe حلقة) significa círculo o grupo, y aquí se refiere a un grupo de estudio de las fuentes textuales del islam (Corán y Hadith) parecida a los grupos de estudio bíblico.
[2] Relacionadas entre otras con la religión, el activismo, el pensamiento, el trabajo, etc.

redes sociales. Cada año el número de chicas interesadas en participar en las actividades de la asociación ha ido creciendo, así como sus redes de contactos y las invitaciones a reuniones y seminarios de todo tipo por parte de múltiples instituciones españolas y de otros países.

En transformación

No obstante, 2018 supuso un punto de inflexión. Las socias se percataron del ininterrumpido crecimiento del número de chicas participantes, sin tener realmente prevista una estructura organizativa que pudiera soportar dicho aumento. La organización había funcionado "sobre la marcha" en los años anteriores y, aparte de las elecciones bianuales a la presidencia y junta directiva, sus socias no se habían parado a pensar en profundidad del proyecto a más largo plazo. Asimismo, los viajes al extranjero por parte de varias de las socias y sus contactos con personas musulmanas residentes en otros países europeos y norteamericanos, les hizo comprender que el abanico de oportunidades era más amplio de que lo que suele percibirse cuando únicamente se conoce el contexto español. Por estos motivos, a finales de 2018 decidieron bajar la intensidad de las actividades de cara al exterior, manteniendo durante un año largo solo los eventos considerados clave, como el viaje anual[3] y el *iftar* fin de Ramadán.[4]

> [...] nos hemos dado cuenta, ya hemos decidido todas, en plan de, ahora somos las que somos, vamos a parar, a intentar formalizar esto, a crear un proyecto con TOOOODO lo que eso conlleve y empezar ya el año que viene haciendo las cosas BIEN ¿sabes? [entrevista Aisha, dirigente asociación sociocultural, mayo de 2019]

Los objetivos durante el período de introspección en 2019 fueron, sobre todo, establecer las bases de la organización, así como su formalización como entidad. En este sentido, llevaron a cabo una descripción pormenorizada de los requisitos y tareas que debía cumplir, por ejemplo, la Junta Directiva. Ayudadas por una amiga miembro de una entidad de mujeres musulmanas en otro país europeo con muchos años de experiencia, pudieron precisar la

---

[3] Cada año en la época de vacaciones de Semana Santa la asociación organiza un viaje para todas las jóvenes musulmanas que quieren/pueden asistir, alternando viajes dentro de España (de unos 4 días), con viajes a otros países europeos (de unos 5 a 7 días).

[4] La palabra *iftar* (en árabe إفطار) significa la ruptura del ayuno. Durante el mes de Ramadán, mes del ayuno diurno para las personas musulmanas, la cena de cada noche es un *iftar*. Durante este mes tan especial para ellas, en el que la asociación organiza varias charlas espirituales, al final de Ramadán, se celebra una fiesta de fin de ayuno (*iftar*) en algún lugar de la Comunidad de Madrid.

estructura formal de la asociación facilitando así la labor para las futuras generaciones de socias. En lo que respecta a la vertiente más espiritual, tomaron conciencia de que para seguir con el proyecto era imprescindible revisar profundamente su misión y objetivos de cara al futuro.

> ¿Cuál es nuestro proyecto? ¿Cuáles son sus bases, sus principios? ¿Qué queremos conseguir con esto? ¿Si esto puede cambiar o no puede cambiar? ¿Qué es lo que es fijo? [entrevista Aisha, mayo de 2019]

En consecuencia, en 2019 comenzó un periodo de reflexión interna durante el que tanto la Junta Directiva como el resto de las socias tuvieron la oportunidad de centrarse en los objetivos de su proyecto conjunto. En relación con esta tarea, recibieron varias sesiones de formación impartidas por una persona externa a la asociación, pero con experiencia asociativa con jóvenes en España. Dicha formación les sirvió para aprender a llevar y gestionar una entidad de estas características de una manera islámica. Es decir, teniendo en cuenta que para estas mujeres el islam, más allá del cumplimiento con determinadas prácticas como individuo, es un modo de vida, esto implicaba que la gestión de una entidad jurídica como Cambio Futuro debía hacerse de forma halal, conforme con los preceptos islámicos.[5] Durante este proceso de introspección conjunta pudieron reconocer el hartazgo que tanto las socias como las jóvenes que, sin llegar a ser socias han asistido con frecuencia a las reuniones y viajes durante los últimos años, compartían al sentirse en la obligación de mostrar una imagen de "musulmana española" o de actuar siempre (y solo) "en respuesta a", es decir, solo como reacción a los problemas o cuestiones que pudieran ir surgiendo. Ese sentimiento de hartazgo (de "tener que" manifestar una imagen o actitud que además nunca parecía ser suficiente) se ha combinado con otros factores, entre los que se encuentra la dificultad administrativa para conseguir la nacionalidad española, la continua extranjerización por parte de la sociedad mayoritaria, así como las experiencias e influencias internacionales. El conjunto de estos factores ha contribuido a un cambio en la actitud de estas jóvenes, quienes en años anteriores buscaban el reconocimiento como ciudadanas musulmanas españolas, una reivindicación señalada también por Téllez (2011, 2014). No obstante, ahora ya han decidido no querer seguir gastando su energía y tiempo en ello. Es decir, en vez de meramente reaccionar, estas jóvenes quieren poder elegir y dedicarse a sus propios temas.

---

[5] Incluyendo asuntos como cómo gastar el dinero de forma responsable o con quiénes (no) trabajar para organizar un evento.

Ya estamos hartas de mostrar cómo es la imagen de no sé qué, lo que queremos es cambiar el mundo. En plan ¿qué es lo que quiere Allah de nosotras? [...] Nos da igual cómo nos vean [...], queremos nuestros propios temas. [entrevista Hafsa, enero de 2020]

[...] queremos que nuestra trayectoria no sea en respuesta a estímulos, sino en creación... [entrevista Aisha, mayo de 2019]

Desde un espacio seguro, creado y compartido por las propias jóvenes, su objetivo es contribuir y añadir valor al mundo como musulmanas. Aspiran a superarse tanto a nivel individual como a nivel social, basándose siempre en sus valores islámicos, que incluye una actitud que consiste en "dar sin esperar nada a cambio" [entrevista a Hafsa]. Por sus creencias religiosas, no necesitan ver el resultado final de sus esfuerzos en su propia vida,[6] sino que el enfoque se proyecta a largo plazo.

[...] No necesito ver en MI vida que se haya logrado, yo no necesito ser la que encuentre la cura del cáncer, entonces me voy a esforzar un montón y paso el relevo a la siguiente [...] [entrevista Hafsa, enero de 2020]

Después de un año de debate y formación interna, han logrado unificar las diferentes inquietudes e intereses en una visión común y aunque el proyecto inicial ha cambiado, sus actividades seguirán basándose en un equilibrio islámico que se fundamenta en la salud, el conocimiento y la espiritualidad. Una de mis interlocutoras me comentaba que el papel de la asociación y de sus socias no es "ser embajadoras del islam" ante otras instituciones, como tampoco lo es "gastar energía en fijar un programa de formación religiosa". Su principal objetivo es ofrecer un espacio de referencia específicamente para:

A. Chicas o mujeres jóvenes, de 12[7] a 30 años de edad ("hasta los 30, en plan, esta fase en la que unas personas están decidiendo qué hacer con su vida, es decir, una fase supercrítica porque luego estas personas cuando tengan 30, 40 años ¿qué tipo de ciudadanas quieres que sean?")

---

[6] Es decir, en esta vida "terrenal". La recompensa se recibirá en/con la vida "siguiente".
[7] En los últimos años han bajado la edad mínima para participar en la asociación de 15 a 12 años, por considerar que es la edad "a la que se empieza a cuestionar lo que te han enseñado tus padres."

B. Musulmanas: como practicantes musulmanas y creyentes en la vida eterna, el equilibrio entre la vida real cotidiana y lo que cada una y juntas como asociación pueden ofrecer al mundo es muy importante, estos objetivos pueden establecerse a largo plazo ("*¡super-hiper-largo plazo!*");

C. Quienes viven en el contexto de España y Europa: viven como minoría musulmana en una zona donde hay mayor libertad,[8] incluida la libertad religiosa. Desde sus contextos actuales, buscan aumentar sus conocimientos sobre el islam pero "accediendo a Allah sin un *sheyj*[9] de Marruecos, de Saudi, yo qué sé".

Teniendo en cuenta estos tres factores, el nuevo proyecto se centra en ese público y engloba asimismo el lema "pensar globalmente, actuar localmente",[10] usado universalmente en diferentes ámbitos. En este sentido, parecen coincidir con la filósofa feminista Rosa Braidotti (2018), quien sostiene que es preciso "pensar globalmente, pero actuar localmente: aquí y ahora." Esta autora insiste en la importancia de partir de actividades micropolíticas de resistencia, situadas y concretas para afrontar el presente, aunque siempre desde una perspectiva orientada hacia el futuro (2018: 81).

Como mujeres jóvenes son conscientes de la violencia islamófoba que está creciendo en muchos lugares en el mundo, pero ello no impide que alguna de ellas cuestione la idoneidad de la etiqueta de la islamofobia. Sin negar la utilidad de esta noción para los análisis académicos o políticos, para indagar en las causas y el impacto de la discriminación de las personas musulmanas que, según esta joven, es muy necesario, considera, no obstante que, a la hora de actuar y movilizar a la gente, es preferible no perderse en debates, sino hablar directamente de las dinámicas de dominación. Según mi interlocutora, evitando "cajitas separadas" se facilita la comprensión de algo tan básico e interseccional, que son las dinámicas de dominación.

[...] cuando nos perdemos en los debates gastamos muchísima energía, cuando hay muchas cosas IMPORTANTES, CLARAS, que un MONTÓN de gente comparte y que aún están sin ganar esas batallas y son claras.

---

[8] La libertad a la que mis interlocutoras se refieren aquí incluye, por ejemplo, la lectura de todo tipo de obras sin censura, la facilidad de viajar a otros países y a precios accesibles, tener la posibilidad de juntarse con personas muy diversas (de origen, cultura, religión, posición socioeconómica, etc.).
[9] Un sheij o shayj (en árabe شيخ) califica generalmente a las personas con un título en las ciencias islámicas.
[10] En varias ocasiones, mis interlocutoras mencionan el conocido eslogan "*Think globally, act locally*".

> Por ejemplo, en el feminismo es superbásico, simple, lo de *equal pay* por ejemplo. Es como un objetivo claro y simple que no necesitas perderte en la teoría feminista. La teoría feminista es MUY importante para muchas cosas, pero hay ciertas batallas sociales que son BÁSICAS. Entonces, cosas como la securitización, el racismo estructural, el trato a los migrantes o refugiados, todo eso son cosas básicas que no requieren análisis super intensos, requieren recordar lo que es en la base ¿sabes? [entrevista Hafsa, enero de 2020]

Son frecuentes las noticias que difunden los medios de comunicación internacionales sobre los ataques a mezquitas y a mujeres con hiyab por la calle. De manera menos explícita, pero con un duro impacto, ven cómo se desarrollan las políticas de securitización que no solo se aplican en el Reino Unido o Estados Unidos, también ellas y sus familiares las conocen de muy cerca.

> [...] ahora ya todo el mundo, o casi todas ya han vivido en primera persona eso, o sea han tenido un vecino, un primo, o lo que sea, que haya sido detenido, o lo que sea. [entrevista Hafsa, enero de 2020]

Si bien es cierto que durante muchos años se ha reaccionado a la racialización de los cuerpos, en este caso de mujeres jóvenes musulmanas, intentando reducir los prejuicios y cambiar la imagen que tienen la sociedad y las personas no musulmanas (Téllez, 2011), es interesante constatar como en 2020 estas mujeres tenían claro que el objetivo de su asociación no podía limitarse únicamente a defenderse de los estereotipos o que su ámbito de actuación quedaría restringido a una mera capacidad de contestación a cuestiones o peticiones manifestadas por iniciativa de terceras personas, sin que ellas puedan ser las maestras de sus propias obras.

> por un lado, la confrontación directa, o sea curar las enfermedades, digamos, el resistir los microbios. Pero, por otro, eh, seguir fortaleciendo el cuerpo, en plan, en plan seguir construyendo. [...] No quiero que acabe mi comunidad, en plan, centrada en el problema que las define ¿sabes? [entrevista Hafsa, enero de 2020]

Fuertemente interpeladas por el islam, entendido como una tradición que desde sus inicios ha estado cambiando y adaptándose a los contextos sociales y políticos[11] y en cuya larga historia de transformación están participando

---

[11] Talal Asad (2009) explica que "el islam no es una estructura social particular, ni una colección heterogénea de creencias, artefactos, costumbres y morales. Es una tradición. [...] Una tradición que consiste fundamentalmente en unos discursos que buscan instruir a

desde su contexto europeo (Lems, 2016), estas jóvenes consideran que sus vidas cotidianas pueden adaptarse a lo que la religión pide de ellas.

> [...] puedes perfectamente, sabes, como que adaptar tu vida a tu religión en vez de tu religión a tu vida. [entrevista Aisha, mayo de 2019]

Durante el citado periodo de reflexión interna las socias se plantearon la posibilidad de abrir el espacio de la asociación a los hombres. Sin embargo, finalmente optaron por mantener un ambiente exclusivamente femenino. En el momento de la creación de la asociación en 2012 les parecía un tanto artificial organizar actividades para ellos, puesto que entonces no se juntaban con chicos a la hora de realizar sus actividades. Ahora, sin embargo, se trata de una decisión meditada: se sienten más cómodas estando solas por la forma diferente de trabajar -una posición que comparten con otros espacios, por ejemplo, con los espacios feministas. Una de mis interlocutoras, Hafsa, explica que la visión metafísica del islam, de acuerdo con el Corán, habla del Creador y de la creación. No hay ninguna fase intermedia que establezca, por ejemplo, que el ser humano es más importante que las plantas. El objetivo de la creación es adorar al Creador y existen diferentes maneras de adorar, puesto que solo el ser humano tiene libre albedrío. Mediante la metáfora del cuerpo humano que necesita que todos sus órganos estén sanos para que el cuerpo esté sano, Hafsa insiste la complementariedad entre todos los humanos y en que la diversidad es enormemente positiva. Esto con respecto a hombres y mujeres

> [...] Hay una *aya*[12] que dice: *wa-LIdalika jalaqhum*:[13] para *eso* les ha creado, les ha creado para *ser diferentes*. Es la *aya* que mejor lo resume,

---

sus practicantes sobre la forma y finalidad correctas de una determinada práctica que tiene una historia, precisamente porque está establecida. Estos discursos se relacionan conceptualmente con un *pasado* (cuando la práctica fue establecida y desde el que el conocimiento sobre su sentido y correcta representación fue transmitido), con un *futuro* (cómo puede garantizarse mejor el sentido de esa práctica a corto o largo plazo, o porqué debe modificarse o abandonarse) mediante un *presente* (cómo se relaciona con otras prácticas, instituciones y condiciones sociales)."

[12] La palabra "aya" (árabe آيـة) significa una aleya del Corán.

[13] Hafsa aquí se refiere a la aleya 119 de la azora coránica Hud. De acuerdo con la traducción del Corán de Julio Cortés (1999) las aleyas 118 y 119 se traducen como: "Tu Señor, si hubiera querido, habría hecho de los hombres una sola comunidad. Pero no cesan en sus discrepancias, salvo aquellos que han sido objeto de la misericordia de tu Señor, y por eso los creó. Se ha cumplido la palabra de tu Señor: ¡He de llenar la gehena de genios y de hombres, de todos ellos!". Existen varias interpretaciones de la preposición "li" (en árabe ل) en esta aleya: la finalidad de la creación es la de ser tratada con misericordia y también se entiende la de ser diferentes.

> es esa complementariedad como el cuerpo, para que nunca nadie se levanta para decir: el hombre es mejor que la mujer o la mujer es mejor que el hombre. No.
>
> y también en relación con las personas musulmanas y no musulmanas.
>
> [...] la diversidad siempre es un punto de fortaleza, SIEMPRE, es como los *pixels*: cuantos más *pixels* hay, más definida es la imagen.

Por eso, en el 2019 uno de los objetivos de la asociación era establecer alianzas y ampliar sus redes con todo tipo de organizaciones y personas con las que compartan al menos uno de los tres siguientes factores: ser mujeres jóvenes; religión (musulmana u otra) y habitar en Europa (un contexto "occidental"). Es decir, sus alianzas no se tenían que limitar a otras entidades religiosas islámicas. Su única línea roja es no contribuir a la legitimación de aquellos agentes involucrados en las políticas de securitización que buscan una representación musulmana meramente pasiva y sin voz. Para tejer dichas alianzas asisten a cursos e imparten conferencias sobre temas diversos a otros colectivos y asociaciones, musulmanas o no musulmanas en diferentes lugares de la geografía española. En muchas ocasiones, se trata de charlas relacionadas con el islam y con el hecho de ser mujer en Europa. Otra estrategia ha consistido en el establecimiento de contactos con determinados divulgadores del islam e imames jóvenes que conocen como ellas el contexto español. Por último, se ha considerado la organización de un encuentro internacional con la implicación de varias entidades y personalidades. En este sentido, la precisión de los nuevos objetivos y estrategias acordadas durante este periodo de reflexión interna, dieron pie a idear planes para futuras actividades, con el deseo de emprender un nuevo comienzo al inicio de 2020.

Un nuevo comienzo

En los primeros meses del 2020 empezaron nuevamente y muy ilusionadas, organizando diferentes actividades y con la expectativa de disponer de cierta infraestructura para el desarrollo de las mismas, aunque con la pandemia por la COVID-19, el uso de instalaciones se ha visto complicado.

> Otra vez el comienzo desde cero, y ¡es genial, por ahora muchas, muchas ganas! [entrevista Hafsa, enero de 2020]

El discurso anti-hiyab y laicista que un grupo de mujeres, que se definen como feministas y magrebíes[14] difunde en las redes sociales, medios de

---

[14] Véase también el capítulo 4 (Hiyab) de este libro.

comunicación, libros y conferencias, no impidió que las jóvenes musulmanas de Cambio Futuro participasen en la marcha del Día Internacional de la Mujer del 8M de 2020. El manifiesto "un 8 de Marzo sin velos" redactado por el Colectivo Feminista Norteafricana Neswía y publicado en las redes sociales unos días antes de las marchas que se organizaron con ocasión del Día Internacional de la Mujer en numerosas ciudades del estado español, así como en el extranjero, iba dirigido a todas las plataformas del 8M pidiendo su adhesión al mismo. Sin embargo, las mujeres de Cambio Futuro participaron con sus propias pancartas y con un discurso que defendía un "feminismo inclusivo, diverso e interseccional". Justo unos días después, por la pandemia de la COVID-19, suspendieron las actividades presenciales ya planificadas, incluyendo su viaje anual. Durante el mes de Ramadán, que en 2020 se vivió en confinamiento, Cambio Futuro ofreció un ciclo de conferencias online impartidas por varias especialistas psicólogas musulmanas sobre la autoestima, incluyendo temas como la salud mental, el desarrollo personal, la dependencia emocional, etc. y cómo abordarlos desde un punto de vista islámico. Pese a que el proyecto está en plena transformación, siguen firmes en su convicción de mantenerse independientes

> A día de hoy las que estamos hoy, estamos de acuerdo en que mantener la independencia total, total, total [entrevista Aisha, mayo de 2019]

Basándose en sus creencias, valores y prácticas islámicas y cumpliendo con su deseo de vivir conforme a ellos, estas jóvenes entienden que los objetivos de toda la humanidad son comunes, aunque las motivaciones puedan diferir. Desde un contrapúblico subalterno musulmán, pretenden construir nuevos espacios de solidaridad y cooperación desde donde transformar el mundo y, más allá de ganar voz para proporcionar meras respuestas, crear ellas mismas el contenido de una ciudadanía qua musulmanas. Tienen en común con las musulmanas practicantes y participantes en los movimientos estudiados por Saba Mahmood (2012), que el enfoque de sus actividades no está ni en la reivindicación de derechos, ni en la búsqueda de reconocimiento. Más ambiciosas, sus objetivos se centran en la formación de una sensibilidad ética en todas las facetas de la vida y así en la aportación de cada una, al igual que como asociación, a la construcción de un mundo mejor.

Capítulo 7

La política representativa

Introducción

Las luchas por parte de la sociedad civil musulmana en España, con el objetivo de conseguir el reconocimiento como actores en condición de igualdad en la interacción social, económica y política, comenzaron hace ya más de tres decenios y precisamente en las zonas del Estado con mayor trayectoria histórica y proporción de población musulmana, como son las ciudades autónomas de Ceuta y Melilla (Guia, 2014; Planet, 1998). Estos *actos de ciudadanía* (Isin, 2012), es decir las movilizaciones civiles organizadas en contra de la Ley de Extranjería de 1985 que amenazaba con dejar apátridas a miles de habitantes de ambas ciudades, fueron el inicio de un activismo político que tenía como base de cohesión la identidad étnica (*amazige*) a la que se sumaría, posteriormente, con la firma del Acuerdo de Cooperación en 1992, la religiosa (Salguero, 2018). Aitana Guia (2014: 16) explica que los melillenses musulmanes, pese a tener sus preocupaciones y reivindicaciones respecto a determinadas prácticas religiosas en el espacio público (por ejemplo, por la falta de un cementerio musulmán en la ciudad), lucharon en primer lugar por sus derechos políticos, es decir, por el reconocimiento como ciudadanos españoles, reivindicando su afinidad cultural, similar a la de los iberoamericanos, portugueses, filipinos, andorranos, ecuatoguineanos, sefardíes y los originarios de la ciudad de Gibraltar, todos los cuales recibieron un tratamiento preferencial en la Ley Orgánica 7/1985, de 1 de julio, sobre derechos y libertades de los extranjeros en España. Otras reivindicaciones se centraban en los derechos socioeconómicos como las mejoras de infraestructura y vivienda o la creación de empleo. Estas luchas no las hicieron como extranjeros, marroquíes o inmigrantes, sino como españoles de hecho y derecho (Guia, 2014: 161). Después de varios años de pugna, finalmente muchos miles de melillenses musulmanes consiguieron la nacionalidad española. A esta victoria puede añadirse el mecanismo legal del concepto de *arraigo*, mediante el cual ni la etnicidad ni la religión, sino el arraigo en territorio español o la aculturación, es la condición para poder solicitar la nacionalidad española (Guia, 2014). Los partidos políticos comenzaron a incorporar a personas musulmanas en sus listas electorales, a la vez que tanto en Ceuta como en Melilla se fundaron nuevas formaciones políticas locales por parte de sus ciudadanos musulmanes (Planet, 1998).

De acuerdo con las estimaciones del Observatorio Andalusí (2022) y los datos del Instituto Nacional de Estadística sobre el padrón municipal (2022), más de la mitad (52%) de la población melillense profesa la religión islámica y de ella un 74% tiene la nacionalidad española, mientras que en Ceuta un 43% de sus habitantes es musulmán, y el 87% de estos posee la ciudadanía legal española y por tanto tiene el derecho a votar y a ser votado en las elecciones generales. En cuanto a las elecciones municipales, la gran mayoría de los extranjeros residentes en estas ciudades no puede votar por proceder de países[1] que no tienen acordada con España la reciprocidad en el voto. Ambas ciudades autónomas cuentan con partidos políticos locales cuya militancia y votantes son mayoritariamente personas musulmanas, como Coalición por Melilla, Caballas Ceuta o Movimiento por la Dignidad y Ciudadanía, pero cuyos discursos y reivindicaciones no se articulan en torno a reclamaciones religiosas. Consideremos, por ejemplo, el partido Movimiento por la Dignidad y Ciudadanía (en adelante, MDyC) fundado en 2014 por Fátima Hamed Hossain, una de las voces más presentes y potentes en la política local de Ceuta de los últimos años. Hamed, diputada en la Asamblea de la ciudad autónoma de Ceuta y abogada en ejercicio, participa en la política local ceutí desde el año 2007, primero lo hizo en el partido Unión Demócrata Ceutí y luego en Coalición Caballas hasta el año 2014. En una mesa redonda titulada "Mujer, Política y Frontera en Ceuta & Melilla", organizada el 10 de febrero de 2020 en Madrid en el Instituto Universitario Gutiérrez Mellado, Hamed contaba que, al entrar en la política, se dio cuenta que a la opinión pública parecía importarle más su indumentaria, nombre y apellidos, que lo que ella podía aportar como persona y profesional.

Inscrita en el Registro de Partidos Políticos del Ministerio del Interior el 27 de octubre de 2014, la formación de la que Hamed es actualmente portavoz pretende luchar sobre todo por la "erradicación de las desigualdades que actualmente soportamos en Ceuta" (Testa, 2014). En este sentido, sus principales luchas van dirigidas a las políticas de vivienda y a la creación de empleo mediante el desarrollo de la economía social. Otra de sus reivindicaciones está relacionada con la frontera. Ceuta forma con Melilla la frontera sur de Europa con África, y MDyC exige al Estado español y a la Unión Europea "la dotación necesaria de medios humanos y materiales para tener una frontera del siglo XXI y menos permeable, que pueda proteger a Ceuta y Melilla, a España y al resto de Europa" (Hamed, 2020). En las primeras elecciones a las que se presentó la nueva formación, las celebradas el 24 de mayo de 2015 a la Asamblea de Ceuta, MDyC obtuvo el 11,19% de los votos (3.264 votos) dando un resultado de tres escaños de un total de 25 (El País, 2019). No obstante, en las elecciones municipales más recientes, las de 2019, el partido perdió casi un 30% de sus votos, quedándose con dos concejales.[2] Según Hamed (2020), el

---

[1] Se trata sobre todo de Marruecos y en menor medida de China.
[2] Hubo un enorme incremento de votos al partido VOX.

Movimiento por la Dignidad y Ciudadanía "simboliza la amenaza como rivales políticos. Suena poco humilde, pero es así." Cuando al final de la mencionada mesa redonda, desde la audiencia se le preguntó a la política, que lleva hiyab, por su religión, contestó

> [...] no me parece una prioridad. Es obvio, pero es un tema íntimo. ¿Esta pregunta se hace también a los compañeros masculinos o solo a mí por ser mujer?

Aparentemente la cuestión del hiyab sigue fascinando a una parte de la población y sobre todo cuando lo llevan mujeres activas en la política de representación. Como en el caso de Fátima Hamed, otras mujeres jóvenes (y algún hombre)[3] que militan en determinados partidos políticos situados a la izquierda del espectro político, han sido y son objeto de críticas y comentarios relacionados con su pertenencia religiosa, siendo incluso víctimas de actos y/o comentarios racistas.[4] Mujeres que cuentan con una formación universitaria y experiencia laboral como, por ejemplo, Salima Abdeslam, quien en 2005 entró en la Asamblea de Melilla como diputada por Coalición por Melilla, Fátima Taleb, concejala en Badalona entre 2015 y 2019 por Guanyem Badalona, Maysoun Douas quien ha sido concejala en el Ayuntamiento de Madrid por el partido Más Madrid hasta mayo de 2023 o Najat Driouech militante de Esquerra Republicana de Catalunya y diputada desde enero de 2018 por Barcelona en el Parlamento de Cataluña.[5] En Madrid y otros lugares del Estado es aún muy poco común ver concejales o diputados musulmanes en partidos locales o nacionales. Visiblemente musulmanas porque llevan el hiyab, sus discursos como participantes activas en el espacio de la política representativa concuerdan con las posiciones (incluyendo la laica) de los partidos en los que militan.[6] Mucho más allá que representar a una minoría religiosa, estas mujeres se (pre)ocupan de los desasosiegos y reivindicaciones de sus conciudadanos con el fin de mejorar las condiciones de vida de todos los habitantes de su ciudad o país.

---

[3] Como el joven Omar Noumri, historiador y alcalde desde mayo de 2019 de Castelló de Farfanya (Lleida) por Esquerra Republicana de Catalunya.
[4] Véase, por ejemplo, el caso de Fátima Taleb (Vargas Llamas, 2017).
[5] Maysoun es doctora en Física, Najat es licenciada en Filología Árabe y diplomada en Trabajo Social, Fátima es licenciada en Letras Modernas y mediadora social intercultural y Salima es licenciada en Económicas.
[6] Por ejemplo, al oficiar bodas entre personas del mismo sexo, Fátima Taleb y Maysoun Douas no ven ninguna contradicción sino una "oportunidad para contribuir al debate sobre lo que significa ser ciudadano y lo que son los derechos civiles" (Servimedia, 2020).

La formación política PRUNE

Generalmente se desconoce que desde el año 2009 existe en España el Partido de Renacimiento y Unión de Europa (PRUNE),[7] un partido político de ámbito estatal y, según la información en su cuenta de Facebook, es de inspiración musulmana. En su página web, explica que

> "[...] La diferencia es que en este partido no existe ni debe de existir la usura, ya que priman la justicia, la igualdad, la verdad y la libertad, y del mismo modo y no podía ser de otra forma al tener estas condiciones como partido, y formalmente está construido desde la consideración del ISLAM como fuente de dicho principio" (PRUNE, s.f.)

Fundado en el 2008 por el periodista Mustafà Bakkach (Tánger, n. 1954 - Granada, m. 2011), posiblemente animado por el éxito de la formación política Coalición por Melilla en las elecciones de mayo de 2007 a la Asamblea de Melilla[8] y la creación en diferentes países europeos de otros partidos políticos basados en principio islámicos, el PRUNE fue inscrito en el Registro de Partidos Políticos del Ministerio del Interior en el año 2009. De acuerdo con el discurso de presentación de sus miembros fundadores en Granada, el PRUNE es un partido "de inspiración en el islam" (Cano, 2010) y "tiene como principal objetivo dar voz a los 'marginados'", como es el caso de los inmigrantes que no tienen representación en las instituciones políticas" (Granada Hoy, 2010). En la actualidad, la junta nacional de la formación está compuesta solo por hombres, varios de los cuales son nuevos musulmanes. El logotipo del partido es una imagen del planeta tierra en forma de globo, sobre el que andan cinco hombres (rubios, blancos, sin barba y vestidos con un estilo "occidental") que parecen representar a los cinco continentes. Aunque Bakkach, quien desde el 2008 fue también vicepresidente de la Federación Española de Entidades Religiosas Islámicas (FEERI) y miembro de la Comisión Islámica de España (CIE), ya había expresado la vocación nacional del partido, no fue hasta ocho años más tarde, cuando el PRUNE realmente intentó presentar candidaturas en las elecciones nacionales de 2016. La iniciativa fue rechazada por la Comisión Electoral porque la lista de candidaturas no cumplía con el requisito de paridad de hombres y mujeres que exige la ley electoral, por lo que PRUNE no pudo presentarse en Ceuta donde tenía previsto su despegue.

---

[7] La denominación del partido fue inicialmente Partido de Renacimiento y Unión de *España* modificándose en 2018 por Partido del Renacimiento y Unión de *Europa*.
[8] Coalición por Melilla consiguió ser la segunda fuerza más votada en aquella ciudad autónoma.

Los primeros resultados electorales

Casi diez años después de su creación por Bakkach, el Partido de Renacimiento y Unión de Europa, presentó por primera vez sus candidaturas en las elecciones municipales de 26 de mayo de 2019. Concretamente lo hizo en tres municipios del Estado español: Sevilla, Mollet del Vallés y Algeciras. Durante la campaña electoral de 2019 hubo un bulo (Maldita.es, 2019)[9] en las redes sociales advirtiendo en tono alarmante que un partido musulmán pretendía concurrir a las elecciones en decenas de municipios y diciendo que

> las posibilidades electorales de PRUNE son proporcionales al número de electores de confesión islámica que existen en nuestro país. Cuenta España con casi dos millones de musulmanes y es seguro que esta comunidad crecerá muy por encima de la media autóctona española [...] Movilicémonos contra la invasión [...] Por la ilegalización de [...] PRUNE, envía este mensaje a todas las personas que conozcas [...] (Maldita.es, 2019)

La formación política obtuvo unos resultados pésimos en aquellas elecciones municipales de 2019. En Sevilla, el partido musulmán obtuvo solo 46 votos (0.01% del voto total), 18 votos (0.08%) en Mollet del Vallès y 115 votos (0.26%) en Algeciras, donde su presidente local había realizado una campaña electoral centrada en las necesidades de formación de los jóvenes y la limpieza de las barriadas periféricas (Mohamed, 2019). Se trata de unos resultados electorales que no solo contradicen el citado bulo sobre las posibilidades electorales del PRUNE y su presentación a las alcaldías de cinco capitales de provincia, sino que demuestran el poco interés que el partido despierta entre el electorado en general y entre las y los votantes musulmanes en especial.

En busca de votantes

A partir de los mencionados resultados en las elecciones municipales de 2019, el PRUNE parecía haber cambiado de estrategia respecto a la captación de votos. A partir de una reunión de su junta nacional en julio de 2019, el partido decidió centrarse en la reivindicación de la nacionalidad española para los "descendientes de los moriscos y andalusíes". De acuerdo con la información en su página de Facebook, el 20 de diciembre de 2019 el PRUNE emitió el siguiente comunicado

---

[9] Este bulo fue desmentido el 1 de mayo de 2019 por la organización maldita.es, que se dedica al periodismo en contra de las noticias falsas. El bulo mencionó expresamente los municipios de Granada, Zaragoza, Murcia, Alicante y Gerona. El PRUNE no se presentó en ninguna de estas ciudades.

[El PRUNE] ha presentado una denuncia por infracción del Derecho en la Unión Europea, contra el Gobierno de España por la discriminación que ha sufrido el colectivo de descendientes de los españoles moriscos y andalusíes, por agravio comparativo al haber dictado una ley en la que los judíos sefardíes podían acceder a la nacionalidad española, y no reconocer al colectivo andalusí (PRUNE, 2019)

Con anterioridad, en agosto de 2019, el PRUNE ya había enviado una solicitud en los mismos términos al entonces presidente del gobierno en funciones, Pedro Sánchez. En diciembre de 2019 el partido presentó una petición al respecto en el Parlamento Europeo y el 7 de enero de 2020, una vez elegido presidente del gobierno, el PRUNE vuelve a remitirle a Pedro Sánchez la misma demanda. En esta línea y con el objetivo de crear una red de colectivos nacionales e internacionales sobre el asunto de la nacionalidad española para descendientes de los moriscos, los dirigentes del partido organizaron el Primer Congreso Reivindicativo Andalusí, cuya celebración estaba prevista para el 4 de julio de 2020 en Algeciras, pero no ha podido llevarse a cabo debido a la pandemia por la COVID-19.

Durante el primer semestre del 2020, el partido publicó regularmente comunicados en su página de Facebook. Estos escritos, que comienzan con un *bismillah*,[10] a veces son notas de prensa, otras veces son cartas dirigidas a algún gobierno o a la Comisión Islámica de España o directamente a las comunidades musulmanas en general. La temática es variada e incluye asuntos como, por ejemplo, su apoyo a la manifestación en defensa de la convivencia y contra el racismo, celebrada en Ceuta el 28 de febrero de 2020;[11] la reivindicación del derecho a ser enterrado en España según el rito islámico o a celebrar la fiesta del sacrificio (*eid al-adhà*).[12] Otras veces expresan la disconformidad del partido con el abandono de los ciudadanos marroquíes en Algeciras tras el cierre de fronteras por la pandemia del coronavirus.

A lo largo del trabajo de campo pregunté en varias ocasiones por este partido político a mis interlocutoras e interlocutores, muchos de los cuales son personas activas en asociaciones musulmanas. En líneas generales, la mayoría

---

[10] Bismillah (en árabe بسم الله) significa "en el nombre de Dios" y es la invocación "En el nombre de Dios, el Clemente, el Misericordioso" que muchos musulmanes practicantes realizan antes de una acción o al comienzo de un escrito. Las azoras del Corán empiezan con esta invocación.
[11] Manifestación organizada por la Plataforma Contra el Racismo y Fascismo en la que participaron más de 40 organizaciones.
[12] *Eid al-adhà* (en árabe عي الأضحى), también llamada la Fiesta Grande, es la conmemoración de la voluntad de Ibrahim de sacrificar a su hijo Ismael, y se celebra al final de la peregrinación mayor.

desconocía su existencia. Es el caso de Aisha, dirigente de la asociación Cambio Futuro, quien, en una entrevista mantenida en mayo de 2019, dijo no haber escuchado nunca nada sobre este partido. Sin embargo, a otras personas que sí conocían la formación, no les parecía una alternativa política convincente debido su carácter confesional:

> Omar: "También respondemos a algunos retos, o prejuicios religiosos, sobre si un musulmán practicante puede adherirse a un partido político. ¿Por qué no?"
>
> Entrevistadora: "¿Qué no sea el PRUNE?"
>
> Omar: [riéndose] "Ni el PRUNE, ni…No soy muy partidario de un partido confesional, pero bueno…"
>
> Entrevistadora: "Tampoco tienen éxito realmente…"
>
> Omar: "No, porque responde a un…, yo creo que es una falta de visión clarísima, es una visión muy, muy limitada." [entrevista a Omar, dirigente de entidad religiosa y asociación sociocultural, diciembre de 2019]

Otro interlocutor, colaborador de múltiples organizaciones incluyendo entidades religiosas y proyectos socioculturales de jóvenes, mostró con contundencia su oposición a la idea de un partido político musulmán:

> Yo personalmente estoy en contra de fundar partidos islámicos, o que se declaran musulmanes. A empezar, vivimos en un país aconfesional. Los partidos tienen que tener en cuenta esto […]. Hay que formar parte de los partidos ya existentes grandes que nosotros como musulmanes, que se acerquen hasta cierto punto a nuestros ideales… [entrevista a Marwan, colaborador entidad religiosa, abril de 2019]

En julio de 2020, varios periódicos dieron la noticia de que tres dirigentes de la junta nacional del PRUNE estaban siendo investigados por haber usurpado la identidad de 27 personas sin su consentimiento, ni autorización, para poder presentar su candidatura a la alcaldía de Sevilla (El Comercio, 2020; Moreno, 2020). El mismo día, en un comunicado a los afiliados en su página de Facebook, el secretario nacional del partido avisó a sus simpatizantes de que a tres miembros de la junta nacional les habían registrado sus domicilios y la sede en Portillo de Toledo en Castilla La Mancha (PRUNE, 2020). Finalmente, uno de los dirigentes admitió la incorporación de datos de personas sin su consentimiento, con el fin de poder completar la lista de candidaturas del partido para el Ayuntamiento de Sevilla. El comunicado expresa el apoyo a este dirigente por parte de la junta nacional del partido. Después de aquel escrito, siguieron unos meses de poca actividad en la página de Facebook, ni en la página web de esta formación política.

Frente a la estrategia de PRUNE en su búsqueda de votantes y votos, pidiendo a las instituciones españolas y europeas la nacionalidad para aquellas personas que el partido define como "descendientes de moriscos y andalusíes", es interesante la iniciativa impulsada en 2019 por una joven nacida en Cataluña, hija de migrantes procedentes de Marruecos.

La campaña #cédenostuvoto

En abril de 2019, un mes antes de las elecciones generales de mayo, la joven de 23 años Safia El Aaddam lanzó junto a un amigo, el también joven Ahmed Nasser El Alaoui, una campaña en las redes sociales y medios de comunicación con el título #cédenostuvoto (El Aaddam, 2019). Como es sabido, tener la nacionalidad española es un requisito obligatorio para poder votar en las elecciones generales.[13] La iniciativa de El Aaddam, quien desde que cumplió los 18 años está intentando conseguir la ciudadanía española, no solo iba dirigida a personas que no quisieran votar y estuvieran dispuestas a ceder su voto a jóvenes sin derecho a voto como ella misma, sino que fue organizada sobre todo para denunciar la situación en la que se encuentran muchos jóvenes como los propios Safia y Ahmed, descendientes de migrantes, quienes siguen sin poder votar a pesar de haber nacido y/o residido gran parte de su vida en España.

A raíz de las consecuencias de la pandemia de la COVID-19 para la gente migrante y/o más pobre, la activista antirracista ha ampliado el proyecto con tres opciones más: #compra antirracista; #te cedo padrón y #te cedo una cita", con la que aparte de ayudar a las personas más necesitadas, denuncia el racismo estructural en España.[14] Teniendo en cuenta la creatividad, la imaginación y la autonomía con la que El Aaddam y El Alaoui han llevado a cabo esta campaña, es muy probable que Engin Isin (2012) la calificara como "acto de ciudadanía". Se trataba de una iniciativa que no solo reivindicaba derechos civiles y justicia social, sino que por su forma y contenido rompía con el *habitus* de las personas involucradas (las que organizan la campaña y las que están interesadas en ceder su voto), además de con el orden establecido, solicitando aprovechar el derecho (personal) de sufragio activo de otra persona.

---

[13] En el caso de las personas nacionales marroquíes, tampoco puede votarse en las elecciones municipales por no existir un acuerdo de reciprocidad entre los estados.
[14] Y el nombre de la campaña "votar es un derecho" (https://votaresunderecho.es/la-campana-votaresunderecho) se cambió a "votar es un privilegio" (https://hijadeinmigrantes.com/votaresunderecho).

Círculo Podemos Musulmanes

Desde su inicio, la formación política *Podemos* se organiza mediante "agrupaciones voluntarias abiertas de personas que convergen a partir de su interés por el cambio" denominadas "círculos" que podían ser territoriales o sectoriales (Secretaría de Círculos de Podemos, s.f.).[15] Estos círculos tienen su independencia organizativa, aunque deben respetar las decisiones aprobadas en la Asamblea Ciudadana del partido. Las personas que ponen en marcha un círculo pueden intentar que este obtenga el reconocimiento oficial como "Círculo Activo" mediante la realización de determinados trámites. En este contexto, en el 2015 se creó el Circulo de Musulmanes de Podemos formado por alrededor de 70 miembros, la mayoría de ellos nuevos musulmanes, entre los que se encontraba el fundador de la ONG Musulmanes por la Paz y teólogo chií, Raúl (Yafar Abdellah) González Bornez (Verdú, 2015). En una entrevista publicada en *Webislam* en junio de 2015 el teólogo explicaba que

> Una de las razones por las que hemos creado el Círculo Podemos Musulmanes es para animar a la comunidad musulmana a participar en los profundos movimientos sociales y políticos que están ocurriendo en nuestra sociedad. Para ofrecer, especialmente a las jóvenes generaciones, un marco civilizado en el que transformar la sociedad y acercarla a los ideales de justicia que el Corán nos enseña (González Bórnez, 2015)

No obstante, el Círculo no logró el reconocimiento de la organización y no tuvo más recorrido, pese a haber sido uno de los primeros círculos en formarse (Gil Flores, 2019: 333).

"Ostracización" política

Una crítica o queja recurrente que he encontrado a lo largo del trabajo de campo entre diferentes segmentos de las poblaciones musulmanas es que consideran que los partidos políticos no les tienen en cuenta. Warda, de la asociación Juntas por la Mejora, comentaba que ni en época de las elecciones municipales se les acercaban los políticos:

> Nos dolió bastante [énfasis]. Aquí vivimos, vamos a la escuela, hacemos la compra…" [entrevista Warda, junio de 2020]

Sienten que ni como electorado, ni como militantes interesan. Que sus problemas no les preocupan a los partidos políticos. Algunos interlocutores

---

[15] En cuanto a la organización en "círculos", el partido publicó en agosto 2020 un nuevo protocolo para la creación y activación de dichas agrupaciones (Podemos, 2020).

expresan la necesidad de apertura por parte de los partidos existentes, a veces haciendo referencia a otros países como Francia y Reino Unido.¹⁶

> Yo creo que los partidos políticos también tienen que abrirse, tienen que abrirse, porque son estructuras muy cerradas, no solo a nivel ideológico, sino es que a veces…No, "a veces" NO. Ya hemos visto muchos ejemplos, de que hay partidos donde no dejan respirarse siquiera a los ciudadanos que tengan otra confesión, u otro color." [entrevista a Omar, dirigente asociación sociocultural, diciembre de 2019]

Algún partido político nacional ha intentado vincularse con el electorado musulmán, como por ejemplo el PSOE a través de su Grupo Medina (antes denominado Grupo Federal Árabe-Amazigh). Formado por personas de cultura musulmana, su objetivo es construir una especie de puente entre el partido y el electorado musulmán, mediante la organización de reuniones y eventos con personas que consideraban influyentes entre los colectivos de posibles votantes musulmanes. Según Gil Flores, este grupo parece estar en vías de extinción (2019: 332). Uno de mis interlocutores, que había asistido a este tipo de reuniones, comentaba que no siempre está claro la intención con la cual se pretende incluir a personas musulmanas en las listas electorales:

> […] me pregunto con qué fines, es decir, el propio partido ¿con qué fines? Especialmente cuando esa inclusión se produce exactamente antes de la campaña electoral, es decir, ¿qué fin? Unos fines electorales y deja de contar. Es decir, se está utilizando a esas personas, no hablo concretamente de nadie, pero en general, esto lo he visto en muchos casos. Se está utilizando a estas personas para llegar a la comunidad musulmana y para usarla como escaparate […]. [entrevista a Marwan, colaborador entidad religiosa, abril de 2019]

---

¹⁶ A finales de los años 1990 y en la primera década del s. XXI se han formado diferentes partidos políticos de inspiración islámica en varios países europeos, como el *Respect Party*, fundado en 2004 por Salma Yaqoob en el Reino Unido (Birt, 2009; Massoumi, 2015) y que dejó de existir en el 2016. También el contexto de los Países Bajos conoce desde hace años varios partidos locales que según sus propios discursos se basan en los principios islámicos. En octubre de 2021, la formación NIDA, que se fundó en la ciudad de Rotterdam en el año 2014 como un partido político local inspirado en el islam para responder a los retos de la sociedad actual y para representar a aquellos vecinos y vecinas de la ciudad que no se sentían representados, comunicó su decisión de salir de la política representativa para convertirse en un movimiento emancipatorio más amplio.

A la hora de votar

Ante las elecciones generales del 28 de abril de 2019, varias asociaciones musulmanas hicieron un esfuerzo para promover la participación de las personas musulmanas en el proceso electoral, proporcionando incluso en algún caso recomendaciones sobre el posible voto a estas poblaciones. La asociación catalana Musulmanes contra la Islamofobia, cuyo fundador fue militante de *Barcelona en Comú* y candidato de ese partido para representar al distrito de Ciutat Vella en las elecciones municipales de 2015, publicó en su página web las conclusiones de un análisis realizado por la propia asociación sobre los programas electorales de los partidos políticos, señalando a aquellos con capacidad de gobierno de acuerdo con la asociación. Limitándose su análisis al contenido relativo a los derechos culturales y religiosos de las comunidades musulmanas, Musulmanes contra la Islamofobia examinó los programas del Partido Popular, el PSOE, Ciudadanos, Unidas Podemos y Vox. Bajo el título "No votes en contra de los derechos culturales y religiosos de los musulmanes" su escrito presentaba unas reflexiones sobre el respeto de dichas formaciones políticas hacia los derechos culturales y religiosos de las comunidades musulmanas en España. Según la publicación, fechada el 25 de abril de 2019, el objetivo de la asociación era

> […] dar más elementos para el análisis, para que el voto de la ciudadanía musulmana tenga en cuenta también el contenido **islamófobo** o **religiofóbico** de los programas electorales. [letras en negrita del texto original]

Para llevar a cabo este análisis, Musulmanes contra la Islamofobia informaba de haber tenido en cuenta

> una serie de cuestiones que preocupan a las comunidades musulmanas relacionadas con los derechos religiosos y culturales, tal y como recogidos en la Constitución Española, así como en el Acuerdo de Cooperación entre el Estado español y la Comisión Islámica Española firmado en 1992 y así como el derecho a no ser estigmatizado por ser musulmán en las políticas de lucha contra el terrorismo.

Las reflexiones terminaban concluyendo con una recomendación de voto para el Partido Popular:

> hemos de afirmar sin ninguna duda, que solo un gobierno de mayoría del **Partido Popular** garantizará que los musulmanes podamos seguir luchando para hacer efectivos los acuerdos de cooperación del año 92, entre el Estado y la Comisión Islámica de España. [letras en negrita del texto original] (McIslamfobia, 2019c)

Es decir, la asociación catalana Musulmanes contra la Islamofobia recomendaba a las personas musulmanas votar al Partido Popular, por considerarlo el partido que más podía respetar y garantizar los derechos culturales y religiosos de las personas musulmanas "y por tanto en gran parte la dignidad de los musulmanes en esta sociedad" (McIslamfobia, 2019c). En su análisis no se reparaba en ningún momento en otros factores que influyen generalmente en la decisión del voto por parte de las y los ciudadanos, como pueden ser el (des)empleo, la sanidad, la educación o la vivienda. Durante el trabajo de campo, no he encontrado ni un solo apoyo a los argumentos esgrimidos por la asociación catalana. Preguntando específicamente por esta recomendación de voto a algunos de mis interlocutores, Omar, dirigente de una asociación sociocultural y de una entidad religiosa, me comentaba que

> Para mí fue una, no quiero decir una palabrota, pero...[riéndose]. Haciendo un análisis absolutamente parcial, y teniendo una comprensión del islam muy deficiente, que es sectaria. Una visión como si los intereses de los musulmanes fueran diferentes a los intereses de la sociedad en general. Y parte de una visión sectaria, porque no se fija en la sanidad pública, en la educación, solo mira si hay clases de religión en el cole o no hay. Yo creo que eso a los musulmanes, siendo una preocupación legítima, es de lo que menos interesa. Interesa que tengan también trabajo, que cuando están enfermos tengan hospital a donde ir [...]. [entrevista a Omar, dirigente entidad religiosa y asociación sociocultural, diciembre de 2019]

Tampoco Nora compartía el enfoque exclusivista, que en este caso demostraba Musulmanes contra la Islamofobia, en la musulmanidad de las personas y negaba que el eje vertebrador fuera el hecho religioso.

> "Vamos a dejar de discutir y hablar del islam. ¿De qué tenemos que hablar? Pues tu eres deportista, el otro es poeta, el otro es científico, el otro no sé qué. Construyamos realidad social DE VERDAD, no solo entorno al hecho que coincidimos en que somos musulmanes. NO."
> [entrevista Nora, dirigente entidad religiosa, noviembre de 2019]

Otra iniciativa para promover y estimular la participación de las personas musulmanas en el proceso electoral de abril de 2019 fue la emprendida por la asociación musulmana *Tayba*. Cuenta Téllez (2008: 135) que Tayba procede de un grupo de voluntarios de la predicación del mensaje del islam y que en el momento de su incorporación en 2004 sus miembros eran jóvenes estudiantes y trabajadores de diversa procedencia, incluyendo hijos de migrantes marroquíes, personas nuevas musulmanas y también no musulmanes. En la actualidad, con la denominación Tayba la asociación está inscrita en el Registro Nacional de Asociaciones del Ministerio del Interior desde el año 2006 y como comunidad islámica en el Registro de Entidades Religiosas del Ministerio de Justicia desde 2014.[17] Mostrando un discurso muy diferente al de Musulmanes contra la Islamofobia, esta organización, cuya sede principal está en Madrid, difundió a través de su página web unos días antes de las elecciones generales, la publicación de un comunicado escrito por Hammaoui (2019) y titulado "10 principios islámicos para votar correctamente el próximo domingo 28A". En este caso, no se trataba de una recomendación sobre qué partido específico votar, sino de transmitir el mensaje de que los problemas principales de las personas musulmanas son los problemas del resto de la población en España. El comunicado consistía en una lista de indicaciones "para quien quiera tenerlas en cuenta a la hora de votar" basadas, según el autor, en las fuentes del islam, en las que se recordaba a la ciudadanía su responsabilidad a la hora de votar. Adicionalmente, el escrito señala que el votante debería votar a un candidato honesto y con los conocimientos necesarios para poder realizar el trabajo, eligiendo el "mal menor" teniendo en cuenta las consecuencias a corto y largo plazo. Se considera asimismo fundamental que el electorado debe anteponer el interés del conjunto de la sociedad a las necesidades del colectivo musulmán, puesto que los problemas de las y los musulmanes en España son los mismos que los de todos los ciudadanos. Finalmente, se insiste en que después de las elecciones, el votante no debería limitar su ejercicio de la ciudadanía al evento puntual de voto, sino exigir responsabilidad a los políticos mediante una participación positiva en la sociedad española.

---

[17] Según Salguero y Hejazi (2020: 8) la asociación se ha "reconvertido" en entidad religiosa.

Conclusiones

"[...] It all happened 'out there' - in another time, another country. The more 'they' are to blame, the more the rest of 'us' are safe, and the less we have to do to defend this safety. Once the allocation of guilt is implied to be equivalent to the location of causes, the innocence and sanity of the way of life of which we are so proud need not be cast in doubt [...]"

Zygmunt Bauman, *Modernity and the Holocaust* (2017): xii

Como ya se indicó en la Introducción, este libro busca ahondar en la dimensión política de la categoría de "musulmán" para analizar ciertas formas de participación y resistencia en la esfera pública española del siglo XXI. Con este propósito, y partiendo del nuevo ciclo político que se inicia tras el 15-M, se han analizado los discursos y determinadas actividades y militancias de las personas (leídas como) musulmanas fuera del ámbito religioso. Al mismo tiempo, se ha intentado comprender la expresión religiosa en el marco de la participación política, incorporando el concepto de musulmanidad también como una de las posibles manifestaciones de la agencia política.

El análisis realizado evidencia que en España una gran parte de las personas que se autodefinen, o son identificadas por terceros, como musulmanas, se sienten discriminadas en numerosos espacios de su vida cotidiana. Solamente una minoría relativamente pequeña no manifiesta ese sentimiento de discriminación, aunque sí es consciente de la estigmatización que sufren sus familiares, amistades u otras personas musulmanas cercanas. Estos "afortunados" son fundamentalmente hombres jóvenes con estudios universitarios, nuevos musulmanes y mujeres jóvenes y nuevas musulmanas sin hiyab. Los procesos de extranjerización, ostracización social y criminalización a los que están sometidas las personas musulmanas, son mecanismos de racialización que terminan eliminando cualquier posibilidad -material e inmaterial- de ser escuchadas. La amenaza de repercusiones punitivas, como multas; la pérdida del permiso de residencia y trabajo; o incluso el riesgo de ser acusado como "sospechoso de terrorismo" actúan como mecanismos de silenciamiento para una parte importante de la población musulmana. Ante esta situación, las posibilidades de actuar, de responder, de rebelarse contra este tipo de discriminaciones se reducen, es decir, su capacidad de agencia queda mermada. Exceptuando a los nuevos musulmanes varones, casi ningún hombre, sea cual sea su condición social, se encuentra en posición de responder ante la discriminación. Pese a -aunque probablemente también por motivo de- que se les impide formar parte de las estructuras sociales y políticas, determinados (grupos de) actores intentan situarse en una posición desde la cual ganar voz y reclamar sus derechos. Estos intentos constituyen la evidencia de que entre las poblaciones musulmanas existen procesos de actuación y agencia que están contribuyendo a la creación de nuevas subjetividades políticas que se desarrollan de diferentes modos y desde distintos parámetros.

Una parte de estos colectivos toma la palabra desde una posición subjetiva que se podría calificar como "musulmana", en virtud de la etiqueta que se autoimponen y emplean en sus reivindicaciones. La creación en los últimos años de asociaciones que tienen como objetivo visibilizar la islamofobia y reaccionar contra las prácticas discriminatorias, así lo demuestra. Se trata de organizaciones formadas por personas musulmanas (incluyendo nuevos y nuevas musulmanas) que tienen la nacionalidad española y que, por tanto, están menos expuestas a los mecanismos de marginación y silenciamiento ya señalados. Cuando son interpelados negativamente como musulmanes, responden autodefiniéndose como musulmanes. Estas dinámicas se parecen mucho a las que Jacobson definió como constituyentes de una "identidad musulmana asertiva", en su estudio relativo a jóvenes musulmanes en el Reino Unido (1998: 33). Es decir, en esos casos el carácter político de su subjetividad musulmana es, directamente, el resultado de una reacción ante las situaciones de islamofobia que sufren diariamente.

Aunque sus reivindicaciones abarcan demandas de distinta naturaleza, destacan las que se centran, por un lado, en pedir protección contra la discriminación y, por otro, en reclamar los derechos religiosos que tienen y no se cumplen. El hecho que unas entidades insistan más que otras en las reivindicaciones identitarias está relacionado con los contextos y discursos que las determinan. Las que dedican sus esfuerzos principalmente a las reclamaciones relativas a la aplicación de los derechos religiosos otorgados hace treinta años, están fuertemente interpeladas por el ordenamiento jurídico y por el contexto político español, mientras que el discurso de las que reivindican protección contra el racismo se basa sobre todo en los derechos humanos universales y en investigaciones sobre la islamofobia realizados en otros países. Estas entidades exigen al Estado protección contra prácticas que se consideran racistas, exigiendo para ello que el propio Estado reconozca la islamofobia como una realidad. Piden que este reconocimiento se concrete, entre otras acciones, en la comunicación de los datos desglosados sobre los delitos de odio antimusulmán que recoge anualmente el Ministerio del Interior. Otras reivindicaciones incluyen la penalización de los discursos de odio que tienen como objetivo las personas musulmanas, especialmente cuando son realizados por políticos y periodistas. Igualmente, exigen la responsabilidad estatal en la monitorización de la islamofobia y la revisión de determinados libros de texto escolares y unidades didácticas discriminatorias.

En cuanto a las reivindicaciones relativas a los derechos religiosos islámicos, como ciudadanos musulmanes que residen en un Estado aconfesional, exigen el cumplimiento de dichos derechos reconocidos por el Estado hace tres décadas.[1] Reclaman, por ejemplo, la habilitación de espacios para enterramientos islámicos o la educación religiosa islámica en los centros educativos financiados con dinero público. Son una reacción ante la falta de aplicación de la mayoría de estos derechos por parte de las administraciones estatales, regionales y locales. Asimismo, solicitan un modelo de financiación parecido al establecido con la Iglesia Católica, consistente en la recaudación a través del Impuesto sobre la Renta de las Personas Físicas, según la voluntad de las y los contribuyentes. Se trata de una iniciativa que llevan a cabo las confesiones minoritarias que cuentan con el estatus de "notorio arraigo" para compensar su falta de medios financieros y, a su vez, una forma de solicitar un trato similar al de la Iglesia Católica.

Dichas reivindicaciones las dirigen a las administraciones tanto estatales, como autonómicas o locales y cuando lo consideran oportuno, interponen acciones legales ante las autoridades judiciales correspondientes. Es decir, alzan su voz en la esfera pública hegemónica, de la que, como ciudadanos españoles, se sienten parte. El carácter de este tipo de reclamaciones confirma que una parte de las poblaciones musulmanas cuenta, por un lado, con la necesaria legitimidad para reivindicar esos derechos y, en cierto sentido también, con un sentimiento de pertenencia al espacio público español.

No obstante, estos intentos de tomar la palabra *como musulmanes* para luchar contra la islamofobia y ser escuchados dentro de la esfera pública hegemónica española, no parecen estar dando el resultado deseado. El Estado a través de sus ministerios, instituciones y otras estructuras de poder, no está atendiendo a las personas musulmanas que reclaman derechos religiosos o protección contra el racismo. La mayoría de sus reivindicaciones no son tenidas en cuenta ni admitidas a trámite, reforzando así la posición de subordinación que ya ocupan. El resultado es una ausencia palpable de reconocimiento, por parte de las administraciones del Estado, de una posible subjetividad política musulmana. Este no reconocimiento redunda en los procesos de invisibilización descritos y a los que son diariamente sometidas las personas musulmanas. No se las considera demandantes legítimas ni interlocutoras válidas en la esfera pública española hegemónica. El *shtadlan* (Topolski 2018) elegido por el Estado representa al "sujeto dócil", debe ser un interlocutor que no cuestione su gestión, mientras se ignoran y se obvian las voces reivindicativas de los

---

[1] De acuerdo con lo expuesto en la Introducción de este libro, se trata de los derechos religiosos individuales y colectivos de las personas musulmanas residentes en el Estado español otorgados en el Acuerdo de Cooperación entre el Estado y la Comisión Islámica de España de 1992.

considerados "sujetos malos" (Althusser 2001; Mamdani 2004). El análisis que he presentado demuestra que únicamente se está consiguiendo algún avance puntual en los niveles local y municipal (ayuntamientos, policía local) como se ha visto para el caso de los cementerios islámicos o en el registro de incidentes islamófobos.

Una estrategia alternativa para superar el silenciamiento por parte de las autoridades españolas consiste en participar en la esfera pública institucional internacional, donde se está alcanzando una mayor aceptación y visibilidad de las demandas. Queda por ver si, como piensan las propias organizaciones, la comunicación de los logros a nivel internacional conseguirá cambios estructurales en la esfera pública hegemónica española. En paralelo a esta esfera pública institucional e internacional, se está formando un contrapúblico subalterno musulmán transfronterizo, a través de vínculos establecidos con asociaciones musulmanas de otros países europeos. Desde esta plataforma común se ha iniciado un trabajo conjunto de lucha contra el racismo antimusulmán en Europa. La cooperación entre entidades locales de diferentes países, que comparten formas de solidaridad y la lucha contra la islamofobia, así como la participación en redes de pertenencia y luchas globales, repercuten, a su vez, en la subjetividad política local, en este caso de una asociación musulmana española con pocos recursos.

Como se ha mostrado, la política representativa constituye otro espacio desde el que tomar la palabra como musulmanes. Las iniciativas de participación en el espacio electoral, a través de formaciones políticas nacionales que se autodefinen como musulmanas (o "inspiradas en los valores del islam"), no han encontrado, sin embargo, una acogida entre el electorado. Estos proyectos, emprendidos sobre todo por nuevos musulmanes varones de nacionalidad española, fuertemente interpelados por determinadas interpretaciones del pasado andalusí de la Península Ibérica, no parecen conectar con el electorado concernido, que no les reconoce como sus representantes. Además, las recomendaciones a la hora de votar realizadas por algunas asociaciones musulmanas y que se limitan a los derechos religiosos islámicos, sin tener en cuenta otras preocupaciones sociales -como el empleo, la sanidad o la educación-, no parecen ser compartidas por la gran mayoría de los votantes musulmanes. Poco a poco aumenta la participación de personas musulmanas, sobre todo de mujeres relativamente jóvenes con una formación universitaria, experiencia laboral y procedentes de familias migrantes marroquíes, en partidos políticos nacionales o locales (no musulmanes). En la mayor parte de los casos, se trata de partidos ubicados a la izquierda en el espectro electoral y cuyos discursos no se dirigen específicamente a las personas musulmanas. Es decir, estas mujeres participan en la esfera pública institucional como ciudadanas españolas y su compromiso de representación política es con la sociedad en su conjunto. Todo esto indica que la mayoría de las personas musulmanas que tienen responsabilidades y participan en la política representativa, lo hacen como cualquier otro ciudadano o ciudadana que vive en un país con libertad religiosa.

Además, una parte de los jóvenes musulmanes, hijas e hijos de migrantes magrebíes, sobre todo mujeres y casi siempre con formación universitaria, está ganando voz. Sus reivindicaciones son variadas y llevadas a cabo desde diferentes posiciones subjetivas y no necesariamente desde la musulmanidad.

Una parte de ellos busca superar su marginación reivindicando en la esfera pública hegemónica sus derechos políticos. Aunque son *ciudadanos de hecho* buscan ser reconocidos como *ciudadanos de derecho*. Para ello, organizan determinadas campañas virtuales, que impactan también en espacios físicos y que pueden ser considerados "actos de ciudadanía". El objetivo es concienciar al conjunto de la sociedad española de la injusticia social que supone el hecho de no tener la nacionalidad española, a pesar de haber nacido y haberse socializado en España. Están manifestando de esta manera su pertenencia al proyecto político (catalán, español, etc.) del que desean formar parte. No obstante, su sentimiento de pertenencia no parece ser correspondido por las administraciones con poder de decisión a este respecto ni apoyado por los partidos políticos.

Otro grupo es el formado por los y las jóvenes que levantan su voz como *"moros"* en el marco de un proyecto antirracista decolonial, con el que han conseguido autoridad y presencia en ciertos medios de comunicación. Se dirigen al Estado español asumiendo la categorización del "otro por antonomasia", para denunciar el racismo estructural y sistémico que existe en España. He considerado esta militancia como contrapúblico subalterno "moro" antirracista, que se está formando en estrecha colaboración con otros colectivos minorizados históricamente y está creando un espacio de formación desde el cual se están formulando sus objetivos y organizando actividades de agitación dirigidas a un público más amplio.

Frente a la hostilidad de la que son objeto las mujeres que llevan hiyab, otras jóvenes musulmanas intentan superar los efectos de la racialización creando un espacio seguro, al margen de otros colectivos, donde puedan expresarse con libertad sin que nadie les imponga un discurso o una imagen sobre ellas mismas. En diferentes lugares del territorio estatal, estas mujeres se unen en asociaciones, moviéndose asimismo por las redes sociales en un espacio principalmente musulmán, desde el que están activamente creando contrapúblicos subalternos musulmanes locales. Dirigiéndose en primer lugar a jóvenes musulmanas como ellas, desde estos espacios propios toman la palabra para defender su plena ciudadanía y muestran a la sociedad (no musulmana) la compatibilidad entre la ciudadanía española y la musulmanidad, siguiendo la práctica iniciada ya en otras asociaciones previas (Téllez, 2011, 2014). Su objetivo es recordar a la sociedad que tienen los mismos derechos y obligaciones, independientemente de su religión.

Sin embargo, en los últimos años algunas de estas jóvenes han empezado a replantear el que fuera su objetivo inicial: mostrar la compatibilidad entre su musulmanidad y la ciudadanía española. Tras una década de trabajo en esa línea, una de las primeras asociaciones de mujeres jóvenes en Madrid se ha cansado de ello y han optado por dejar de actuar "en respuesta a" y aspiran a crear su propio discurso y temática. Todo parece indicar que han cambiado su forma de reaccionar ante el discurso hegemónico: en vez de tomar la palabra y *contestar*, optan por, en palabras de Bracke (2011), *ignorar* ese discurso, prefiriendo dedicar su tiempo y energía a proyectos elegidos por ellas mismas. Adaptando sus vidas a las creencias y prácticas islámicas que ellas consideran correctas, su trabajo demuestra que han creado un contrapúblico subalterno musulmán, desde el cual pretenden construir nuevos espacios de solidaridad y cooperación, así como contribuir a la transformación del mundo. Más allá de tomar la palabra siempre y únicamente para responder a demandas que sienten como imposiciones, están trabajando para crear ellas mismas el contenido de una ciudadanía *como musulmanas*. Sus actividades ya no están enfocadas en reivindicar derechos, ni en buscar el reconocimiento de su subjetividad política. Ahora se centran en formar y conformar una sensibilidad ética que alcance todas las facetas de la vida. Su aportación individual y como asociación, es contribuir a construir un mundo mejor.

Por su parte, las mujeres migrantes, de nacionalidad marroquí, en su mayoría sin estudios superiores y amas de casa, luchan por mejorar la situación socioeconómica de sus familias. Organizadas en una asociación desde 2018 con la que reivindican una oportunidad de autoempleo y una autonomía colectiva de su comunidad vecinal *como inmigrantes trabajadoras*, participan en la esfera pública local municipal y regional madrileña. A través de diferentes canales (radio, publicaciones) y espacios (sobre todo materiales, pero también virtuales), sus voces empiezan a llegar al debate público local. En la gestación de sus incipientes demandas a favor de una redistribución de los recursos materiales, colaboran con las ONG que trabajan en su barrio. Dichas ONG funcionan desde una perspectiva que solo las contempla como objeto de sus políticas asistenciales. Desde octubre de 2020 todo indica a que estas mujeres, sus familias y demás vecinos de la Cañada Real Galiana ya ni siquiera interesen como objeto de políticas institucionales o asistenciales. Sufren desde hace dos años largos una falta continuada de suministro de electricidad en sus casas, con todas las implicaciones que supone para la salud, el bienestar y el futuro de estas familias. La falta de responsabilidad por parte de las distintas administraciones y empresas involucradas, así como la ausencia de empatía y apoyo en la sociedad en general, impiden que se ponga fin a esta situación de vulneración de los derechos más básicos. Pese a que las instituciones sigan ignorando sus voces, continúan reivindicando sus derechos con el fin de conseguir un futuro mejor para sus hijas e hijos, participando así en un proceso emancipatorio como mujeres en sus propias comunidades y como migrantes trabajadoras en la esfera pública local.

Conclusiones

Teniendo en cuenta todo lo anterior, puede constatarse que parte de las poblaciones musulmanas que viven en España está alzando su voz, actuando para cambiar las situaciones de vulnerabilidad y subordinación en las que se encuentran y, por tanto, construyendo nuevos espacios de subjetivación política. Sin embargo, solo una parte de estas poblaciones asume en su discurso la categoría de "musulmán" o "musulmana" como base de su resistencia y participación en la esfera pública. En primer lugar, están las posiciones subjetivas que reaccionan y toman la palabra contra la islamofobia, realizando sus reivindicaciones al Estado. En segundo lugar, existe una posición subjetiva "musulmana" que intenta actuar contra la marginación desde la política representativa. Hablamos sobre todo de posiciones formadas por hombres, de nacionalidad española y cuyos líderes a menudo son nuevos musulmanes. Pese al escaso éxito en sus demandas y a la falta de reconocimiento de su subjetividad musulmana por parte del Estado, estos hombres (nuevos) musulmanes españoles parecen limitar sus actividades a la esfera pública hegemónica española.

Por otra parte, desde las asociaciones musulmanas formadas por mujeres se emplean otras estrategias encaminadas a la creación de espacios diversos. Estas mujeres se dirigen a otras esferas públicas (internacionales y locales) y contrapúblicas (subalternas musulmanas, locales y transfronterizas), lo que produce, a su vez, un impacto transformador en sus subjetividades políticas locales.

En cuanto a las jóvenes musulmanas plenamente socializadas en España que han empezado a tomar las riendas de su propio discurso, el hartazgo producido por estar siempre reaccionando les ha empujado a revisar y cambiar sus prácticas como asociación. Como creyentes y practicantes musulmanas, en vez de agradar a la población española o a ellas mismas, se han marcado un objetivo más ambicioso, el de intentar contentar a Dios. Aunque son conscientes de las dificultades causadas por la islamofobia, estas jóvenes prefieren dedicar su tiempo, energía y conocimiento a crear formas diferentes de pensar, vivir y de habitar la tierra, proyectándose en el futuro como musulmanas.

Todos estos procesos están en constante transformación. Las alianzas entre los diferentes actores se crean, se rompen y también se renuevan con mucha frecuencia. El impacto de relaciones, aprendizajes o el aumento de conocimientos diversos producen cambios en los discursos y en las prácticas. El confinamiento y las medidas sociosanitarias derivadas de la pandemia por la COVID-19 también han influido en las prácticas participativas de las personas y entidades a las que este libro hace referencia. En el caso de la asociación Stop Islamofobia su presencia en las redes digitales se vio incrementada reduciéndose las actividades en espacios físicos, mientras que las mujeres de Juntas por la Mejora asumieron el papel fundamental de ser las intermediarias personales entre las autoridades sanitarias y las familias vecinas de la Cañada Real. El nuevo comienzo de la asociación de jóvenes musulmanas Cambio Futuro tuvo que posponerse por coincidir precisamente con el inicio de la pandemia. De modo general, los impedimentos a la movilidad física durante esta época han dificultado el desarrollo de las iniciativas para tomar la palabra y reivindicar los derechos. No obstante, el informe anual 2022 sobre racismo en el Estado español (Federación SOS Racismo, 2023) muestra un enorme aumento de las denuncias recogidas por discriminación en comparación con el 2021. Aunque son muchas las razones que pueden incidir en las variaciones de un año a otro, el hecho que el agente discriminador en más de la mitad de estas denuncias sea una entidad pública, puede contribuir a una (re)intensificación de la participación sociopolítica con el fin de luchar contra el racismo estructural e institucional.

En este sentido, resultaría interesante seguir de cerca cómo se desarrollan los diferentes proyectos sobre todo los emprendidos por las y los jóvenes musulmanes que viven en España. ¿A qué intervenciones externas y propias están sujetas? ¿Qué alianzas llegarán a establecer y ampliar? ¿Cómo se evolucionará el proyecto antirracista político de los jóvenes que se definen como "moros"? ¿Serán capaces las jóvenes musulmanas practicantes de convertir su iniciativa asociativa en un proyecto *alterpolítico* en el sentido de Hage (2015), mostrando que se puede vivir la alteridad de un modo diferente?

Asimismo, convendría seguir indagando en el papel y la responsabilidad del Estado y sus instituciones en la construcción de la alteridad de las personas musulmanas que viven en España. Ignorar o silenciar las voces que están en desacuerdo con la gestión de lo público y que piden cambios estructurales, tiene su coste también para el Estado, como ha explicado Hirschmann (1978). Impedir u obstaculizar el ejercicio de la plena ciudadanía a una parte de la población, en este caso a ciudadanas y ciudadanos musulmanes, puede además afectar a los sentimientos de pertenencia a un proyecto político en común (español, catalán, europeo, etc.). El escenario político que se inicia tras el 15-M no parece haber producido grandes cambios en las vidas de las poblaciones (leídas como) musulmanas en España, que en general siguen marginadas de las estructuras sociales y políticas. Apenas se han formado alianzas entre estas poblaciones y los actores de una nueva izquierda que surgieron a partir de 2011, al mismo tiempo que la discriminación que sufren en muchos espacios de su cotidianidad sigue dificultando su capacidad para participar como iguales en la sociedad española del siglo XXI.

Bibliografía

Ajana Elouafi, Mohamed. 2020. *Informe sobre los cementerios para los musulmanes, a fecha de 10 de abril de 2020*. Madrid: Comisión Islámica de España.

Aked, Hilary. 2017. "Islamophobia, Counterextremism and the Counterjihad Movement." En *What is Islamophobia? Racism, Social Movements and the State*, editado por Narzanin Massoumi, Tom Mills y David Miller, 199-225. Londres: Pluto Press.

Ali, Aurora. 2020. "Islamophobia in Spain: National Report 2019." En *European Islamophobia Report 2019*, editado por Enes Bayrackli y Farid Hafez, 737-764. Estambul: SETA.

Ali, Aurora. 2021. "Islamophobia in Spain: National Report 2020." En *European Islamophobia Report 2020*, editado por Enes Bayrackli y Farid Hafez, 739-776. Viena: Leon Weiss Institute.

Alonso, Luis E. 1996. "El grupo de discusión en su práctica: memoria social, intertextualidad y acción comunicativa", *Revista Internacional de Sociología* 13: 5-36.

Al-Saji, Alia. 2010. "The racialization of Muslim veils: A philosophical analysis." *Philosophy and Social Criticism* 36(8): 875-902.

Althusser, Louis. 2001. *Lenin and Philosophy and other essays*. Nueva York: Monthly Review Press.

Amzian, Salma. 28 de septiembre de 2017. *En el Estado español se invisibiliza cualquier forma de racismo, no solo el islamófobo / Entrevistada por Youssef Ouled*. Esracismo. https://esracismo.com/2017/09/28/en-el-estado-espanol-se-invisibiliza-cualquier-forma-de-racismo-no-solo-el-islamofobo

Arendt, Hannah. 2005. *La condición humana*. Barcelona: Paidós.

Asad, Talal. 2009. "The idea of an anthropology of Islam", *Occasional Papers Series*, Washington D.C., Center for Contemporary Arab Studies, Georgetown University.

Asad, Talal. 2003. *Formations of the Secular. Christianity, Islam, Modernity*. Stanford: Stanford University Press.

Asociación Laica de Rivas. 27 de junio 2018. *Comunicado de la Asociación laica de Rivas sobre la participación del Ayuntamiento en la fiesta de fin del Ramadán*. https://rivaslaica.org/wp-content/uploads/2018/06/ComunicadoALRV-sobre-fiesta-fin-del-Ramad%C3%A1n.pdf

Astor, Avi, Marian Burchardt y Mar Griera. 2019. "Polarization and the limits of Politicization: Cordoba's Mosque-Cathedral and the Politics of Cultural Heritage." *Qualitative Sociology* 42(3): 337-360.

Astor, Avi y Mar Griera. 2016. "La gestión de la diversidad religiosa en la España contemporánea." *Anuario CIDOB 2015-2016*, 248-270.

Bastian, Brock y Nick Haslam. 2010. "Excluded from humanity. The dehumanizing effects of social ostracism." *Journal of Experimental Social Psychology* 46: 107-113.

Bidaya. 2017. *Estatutos de la asociación*. Registro General de Asociaciones del País Vasco. https://www.euskadi.eus/gobierno-vasco/-/asociacion/asociación-de-mujeres-jovenes-musulmanas-bidaya/

Birt, Jonathan. 2009. "Islamophobia in the construction of British Muslim Identity Politics." En *Muslims in Britain: Race, place and identities*, editado por P. Hopkins y R. Gale, 210-227. Edinburgo: Edinburgh University Press.

Blackman, Lisa, John Cromby, Derek Hooke, Dimitris Papadopoulos y Valerie Walkerdine. 2008. "Creating Subjectivities." *Subjectivity* 2:1-27.

BOCM Boletín Oficial de la Comunidad de Madrid nº 32 de 2019. Por el que se establece el Reglamento de Laicidad Municipal del Ayuntamiento de Rivas-Vaciamadrid. Pp. 83-87. 7 de febrero de 2019.

Bourdieu, Pierre. 2016. *La distinción. Criterio y bases sociales del gusto*. Barcelona: Penguin Random House. Edición Kindle.

Bracke, Sarah. 2011. "Subjects of debate: secular and sexual exceptionalism, and Muslim women in the Netherlands." *Feminist Review* 98: 28-46.

Bracke, Sarah. 2016. "Bouncing Back: Vulnerability and Resistance in Times of Resilience." En *Vulnerability in Resistance*, editado por Judith Butler, Zeynep Gambetti y Leticia Sabsay, 52-75. Durham/Londres: Duke University Press.

Braidotti, Rosi. 2008. "In Spite of Times. The postsecular Turn in Feminism." *Theory, Culture & Society* 25(6): 1-24.

Braidotti, Rosi. 2018. *Por una política afirmativa. Itinerarios éticos*. Barcelona: Gedisa.

Bravo López, Fernando. 2011. *En casa ajena. Bases intelectuales del antisemitismo y la islamofobia*. Barcelona: Bellaterra.

Bravo López, Fernando. 2012. "¿Qué es la islamofobia?" *Documentación Social* 159: 189-207.

Brubaker, Rogers. 2013. "Categories of Analysis and Categories of Practice. A note on the study of Muslims in European countries of immigration." *Ethnic and Racial Studies* 36(1): 1-8.

Butler, Judith. 1997. *The Psychic Life of Power. Theories in Subjection*. Stanford: Stanford University Press.

Butler, Judith. 2016. "Rethinking Vulnerability and Resistance." En *Vulnerability in Resistance*, editado por Judith Butler, Zeynep Gambetti y Leticia Sabsay, 12-27. Durham/Londres: Duke University Press.

Cagiao y Conde, Jorge e Isabelle Touton. 2019. "Introducción." En *España después del 15M*, dirigido por Jorge Cagiao y Conde e Isabelle Touton, 55-277. Madrid: Catarata. Edición Kindle.

Calvo, Kerman y Iago Álvarez. 2015. "Limitaciones y exclusiones en la institucionalización de la indignación: del 15-M a Podemos." *Revista de Estudios Sociológicos* 24: 115-122.

Cano, José A. 5 de marzo de 2010. "Se presenta en Granada el primer partido musulmán a nivel nacional". *El Mundo*. Recuperado el 15 de agosto de 2020 de https://www.elmundo.es/elmundo/2010/03/05/espana/1267793002.html

Carmona Hurtado, Jordi. 2018. *Paciencia de la acción. Ensayo sobre la política de asambleas*. Madrid: Akal.

Chaoui, Ramia. 12 de diciembre de 2019. "Ciberislamofobia". I Congreso Nacional *Desmontando la Islamofobia*. Organizado por la Asociación Marroquí por la

Integración de los Migrantes los días 11 y 12 de diciembre de 2019. Universidad de Málaga.

Colectivo Ioé. 1995. *Discursos de la población migrante en torno a su instalación en España. Exploración cualitativa. Opiniones y Actitudes* 64. Madrid: Centro de Investigaciones Sociológicas.

CIE Comisión Islámica de España. 13 de enero de 2020. *Reunión de la comisión de mezquitas y cementerios, una comisión técnica de la CIE*. Recuperado el 27 de abril de 2020 de https://comisionislamica.org/2020/01/13/reunion-de-la-comision-de-mezquitas-y-cementerios-una-comision-tecnica-de-la-cie/

Conde Gutiérrez del Álamo, Fernando. 2009. *Análisis sociológico del sistema de discursos*, Cuadernos Metodológicos, 43. Madrid: Centro de Investigaciones Sociológicas.

Consejo de Derechos Humanos de Naciones Unidas. 2020. *Informe del Relator Especial sobre cuestiones de las minorías sobre su visita a España*. https://documents-dds-ny.un.org/doc/UNDOC/GEN/G20/063/91/PDF/G2006391.pdf?OpenElement

Consejo de Europa, s.f. *No Hate Speech Movement*. https://www.coe.int/en/web/no-hate-campaign/no-hate-speech-movement

Contreras Mazarío, José María. 2018. "Muslims in Spain. The legal framework and status." En Observing Islam in Spain, editado por Ana I. Planet Contreras, 23-61. Leiden: Brill.

Decreto 2263 de 1974. Por el que se aprueba el Reglamento de la Policía Sanitaria Mortuaria. 20 de julio de 1974. BOE. No. 197.

Delgado, Manuel. 2006. "Círculos Virtuosos. Nuevos lenguajes para la exclusión social" en *Flujos migratorios y su (des)control. Puntos de vista interdisciplinares*, editado por Roberto Bergalli, 1-24. Barcelona: Anthropos.

De Lucas, Ángel. 1992. *Actitudes y representaciones sociales de la población de la Comunidad de Madrid en relación con los Censos de Población y Vivienda de 1991*. Madrid: Consejería de Economía, Departamento de Estadística.

Diario de Rivas, 28 de junio de 2018. "Polémica entre el PP y el gobierno ripense por la fiesta del fin del Ramadán". *Diario de Rivas*. https://www.diarioderivas.es/fiesta-fin-ramadan-rivas-laicidad/

Dirección de Servicios de Ciudadanía y Diversidad. 2018. *Plan Municipal de Lucha contra la Islamofobia. Informe de Seguimiento*. Ayuntamiento de Barcelona.https://media-edg.barcelona.cat/wp-content/uploads/ 2018/07/09122419/18mesosPlaislamofobiaCORR.pdf

Domínguez, Daniel, Anne Beaulieu, Adolfo Estalella, Edgar Gómez, Bernt Schnettler y Rosie Read. 2007. "Etnografía virtual." *Forum: Qualitative Social Research* 8(3), http://nbn-resolving.de/urn:nbn:de:0114-fqs0703E19

Douhaibi, Ainhoa Nadia y Salma Amazian. 2019. *La radicalización del racismo. Islamofobia de Estado y Prevención Antiterrorista*. Oviedo: Cambalache.

Eickelman, Dale y Armando Salvatore. 2002. "The Public Sphere and Muslim Identities." *European Journal of Sociology* 43(1): 92-115.

El Aaddam, Safia. 2019. *Por los derechos de las personas migrantes*. https://votaresunderecho.es/

Elahi, Farah y Omar Khan (eds.). 2017. *Islamophobia. Still a challenge for us all*. 20th Anniversary Report. Londres: Runnymede.

El Comercio. 13 de julio de 2020. "Denunciados los responsables de un partido por falsificar documentos para una candidatura". *El Comercio*. Recuperado el 18 de julio de 2020 de https://www.elcomercio.es/politica/denunciados-responsables-partido-20200713133255-ntrc.html

El Fadli, Hind. 12 de diciembre de 2019. "Creando espacios propios" [ponencia 12 de diciembre de 2019]. I Congreso Nacional *Desmontando la Islamofobia*. Organizado por la Asociación Marroquí por la Integración de los Migrantes los días 11 y 12 de diciembre de 2019. Universidad de Málaga.

El Mouali, Fatiha. 2019a. "La islamofobia tiene cara de mujer" [ponencia 11 de diciembre de 2019]. I Congreso Nacional *Desmontando la Islamofobia*. Organizado por la Asociación Marroquí por la Integración de los Migrantes los días 11 y 12 de diciembre de 2019. Universidad de Málaga.

El Mouali, Fatiha. 2019b. "Lucha desde el margen: Mujeres marroquíes desafiando los aparatos neocoloniales de opresión e invisibilización" [ponencia]. Jornada *Feminismos desde la diversidad cultural: Desafíos ante la coyuntura actual*. Organizada por la Asociación Solidaria Andaluza de Desarrollo el 25 de abril de 2019. Universidad de Granada.

El País. 2019. *Resultados de las Elecciones Municipales el 26 de mayo de 2019 en Ceuta*. https://resultados.elpais.com/elecciones/2019/municipales/18/

Esracismo. 3 de noviembre de 2018. "Manifiesto de la manifestación antirracista del 11-N". *Esracismo*. https://esracismo.com/2018/11/0/manifiesto-de-lamanfestacion-antirracista-del-11-n/

Europa Press Madrid. 11 de junio de 2023. "Musulmanes en Madrid entregan el martes 500 quejas al Defensor del Pueblo ante falta de enterramientos para su comunidad". *Europa Press*. https/www.europapress.es/madrid/noticia-musulia-musulmanes-madrid-entregan-martes-500-quejas-defensor-pueblo-falta-enterramientos-comunidad-20230611105955.html

Fadil, Nadia, Martijn de Koning y Francesco Ragazzi (eds.). 2019. *Radicalization in Belgium and The Netherlands. Critical Perspectives on Violence and Security*. Londres: I.B. Tauris.

Farris, Sara R. 2017. *In the Name of Women's Rights. The Rise of Femonationalism*. Durham: Duke University Press.

Fassin, Didier. 2011. "Racialization. How to Do Race with Bodies." En *A Companion to the Anthropology of the Body and Embodiment*, editado por F. E. Mascia-Lees, 419-434. Oxford: Wiley-Blackwell.

Fassin, Didier. 2015. *Les forces de l'ordre. Une anthropologie de la police des quartiers*. Paris: du Seuil.

Federación SOS Racismo. 2023. *Informe sobre el racismo en el Estado español. Datos cuantitativos denuncias*. SOS Racismo. https://so sracismo.eu/wp-content/uploads/2023/06/informe-racismo-def-1.pdf

Felski, Rita. 1989. "Feminist Theory and Social Change." *Theory, Culture & Society* 6(2): 219-240.

Fernández, Daniel Ahmed. 2019. *Diversidad sexual y de género. Islam y activismo. Ensamblajes queer en el marco de la globalización LGBTQ+*. Tesis doctoral. Universidad Autónoma de Madrid.

FRA Fundamental Rights Agency. 2017. *Fundamental Rights Report 2017*, Luxemburgo: Oficina de Publicaciones de la Unión Europea.

Fraser, Nancy. 1990. "Rethinking the Public Sphere: A Contribution to the Critic of Actually Existing Democracy." *Social Text* 25/26: 59-80.

Fraser, Nancy. 2000. "Rethinking Recognition", *New Left Review* 3: 107-120.

Fraser, Nancy. 2010. "Injustice at Intersecting Scales: on 'Social Exclusion' and the 'Global Poor'." *European Journal of Social Theory* 13(3): 363-371.

Fraser, Nancy. 2014. "Publicity, Subjection, Critique: A Reply to my Critics." En *Transnationalizing the Public Sphere*, editado por Kate Nash, 129-156. Cambridge: Polity Press.

FPyC Fundación Pluralismo y Convivencia. 2018. *Memoria 2016.* https://www.pluralismoyconvivencia.es/wp-content/uploads/2018/12/memoria2016.pdf.

FPyC Fundación Pluralismo y Convivencia 2019a. *Memoria 2017.* https://www.pluralismoyconvivencia.es/wp-content/uploads/2019/07/MEMORIA_2017.pdf

FPyC Fundación Pluralismo y Convivencia. 2019b. *Memoria 2018.* https://www.pluralismoyconvivencia.es/wp-content/uploads/2019/07/Memoria-de-Actividades-FPyC-2018.pdf

FPyC Fundación Pluralismo y Convivencia. 2020. *Memoria 2019.* https://www.pluralismoyconvivencia.es/wp-content/uploads/2020/07/Memoria_2019_pluralismo-1.pdf

García-Arenal, Mercedes y Gerard Wiegers (eds.). 2016. *Los moriscos: expulsión y diáspora. Una perspectiva internacional.* Valencia: Universidad de Valencia. Granada: Universidad de Granada. Zaragoza: Universidad de Zaragoza.

García Añón, José; Bradford, Ben; García Sáez, José Antonio; Gascón Cuenca, Andrés and Llorente Ferreres, Antoni. 2013. *Identificación policial por perfil étnico en España.* Valencia: Tirant lo Blanch.

García Sanjuán, Alejandro. 2020. "El pasado medieval y sus símbolos actuales". https://twistislamophobia.org/2020/09/03/la-edad-media-simbolos-racistas-actuales/

Garner, Steve. 2003. *Racism in the Irish Experience.* London: Pluto Press.

Garner, Steve y Saher Selod. 2015. "The Racialization of Muslims: Empirical Studies of Islamophobia." *Critical Sociology* 41(1): 9-19.

Gil Flores, Daniel. 2019. *Islamofobia, racismo e izquierda: discursos y prácticas del activismo en España.* Tesis Doctoral, Universidad Complutense de Madrid.

Goffman, Erving. 1990. *The Presentation of Self in Everyday Life.* Londres: Penguin.

Göle, Nilüfer. 2015. *Islam and Secularity. The Future of Europe's Public Sphere.* Durham/Londres: Duke University Press.

Göle, Nilüfer. 2017. *The Daily Lives of Muslims: Islam and Public Confrontation in Contemporary Europe.* Londres: Zed Books. Edición Kindle.

Gómez, Luz. 2014. "Dar la voz para quitarla. Islamofobia y musulmanes esclarecidos en España." En *La alteridad imaginada. El pánico moral y la construcción de lo musulmán en España y Francia*, editado por Ángeles Ramírez, 45-78. Barcelona: Bellaterra.

González Bórnez, Raúl. 5 de febrero de 2015. *Hay que sacar el islam de las mezquitas y ponerlo en medio de la sociedad / Entrevistado por Iman Baraka.* Webislam. https://www.webislam.com/articulos/97738-entrevista_a_raul_gonzalez_bornez_hay_que_sacar_el_islam_de_las_mezquitas_y_pone.html

González-Sobrino, Bianca y Devon R. Goss. 2019. "Exploring the mechanisms of racialization beyond the black-white binary." *Ethnic and Racial Studies* 42(4): 505-510.

Gramsci, Antonio. 1986. "Cuaderno 3 (XX) 1930." En *Cuadernos de la cárcel, Tomo II*. México DF: ERA.

Granada Hoy. 5 de marzo de 2010. "El PRUNE se presenta hoy en Granada para dar voz a los marginados". *Granada Hoy*. Recuperado el 15 de agosto de 2020 de https://www.granadahoy.com/granada/PRUNE/-presenta-Granada-voz-marginados_0_347665909.html

Guasch, Oscar. 2002. "Observación participante." *Cuadernos metodológicos*, 20. Madrid: Centro de Investigaciones Sociológicas.

Guber, Rosana. 2011. *La etnografía: Método, campo y reflexividad*. Buenos Aires: Siglo XXI.

Guerra, Paula. 10 de noviembre de 2017. "La lucha antirracista como lucha política". *El País*. https://elpais.com/elpais/2017/11/10/migrados/15103065 52_597185.html

Guia, Aitana. 2014. *The Muslim Struggle for Civil Rights in Spain. Promoting Democracy Through Migrant Engagement, 1985-2010*. Eastbourne: Sussex Academic Press.

Gutiérrez Brito, Jesús. 2008. "Dinámica del grupo de discusión." *Cuadernos Metodológicos* 41. Madrid: Centro de Investigaciones Sociológicas.

Habermas, Jürgen. 1989. *The Structural Transformation of the Public Sphere: An Inquiry into a Category of Bourgeois Society*. Cambridge: Polity Press.

Hage, Ghassan. 2010. "The affective politics of racial mis-interpretation." *Theory, Culture & Society* 27(7-8): 112-129.

Hage, Ghassan. 2015. *Alter-Politics. Critical Anthropology and the Radical Imagination*. Melbourne: Melbourne University Press.

Hajjat, Abdellali y Mohammed, Marwan. 2013. *Islamophobie. Comment les élites françaises fabriquent le "problème musulman"*. Paris: La Découverte.

Häkli, Jouni y Kirsi Pauliina Kallio. 2018. "On becoming political: The political in subjectivity." *Subjectivity* 11(1): 57-73.

Hamed Hossain, Fátima. 10 de febrero de 2020. Ponencia en la mesa redonda *Mujer, Política y Frontera en Ceuta & Melilla*. Organizada por el Instituto Universitario Gutiérrez Mellado. Madrid.

Hammaoui, Abdelaziz. 27 de abril de 2019. "10 principios islámicos para votar correctamente". Recuperado el 13 de mayo de 2019 de http://www.asoctayba.co m/10-principios-islamicos-para-votar-correctamente-el-proximo-domingo-28a/

Halliday, Fred. 1999. "Islamophobia reconsidered." *Ethnic and Racial Studies*, 22(5): 892-902.

Hatibi, Miriam. 2018. *Mírame a los ojos. No es tan difícil entendernos*. Barcelona: Penguin Random House. Edición Kindle.

Hirschman, Albert O. 1970. *Exit, Voice and Loyalty: Responses to Decline in Firms, Organizations and States*. Cambridge: Harvard University Press.

Hirschman, Albert O. 1978. "Exit, Voice and the State." *World Politics* 31(1): 90-107.

hooks, bell. 2015. *Talking Back. Thinking Feminist, Thinking Black*. Nueva York: Routledge.

Ibañez, Jesús. 1979. *Más allá de la Sociología. El grupo de discusión: Técnica y crítica*. Madrid: Siglo XXI de España.

Instituto Nacional de Estadística. 2022. *Población total por comunidades 2022*. https://www.ine.es/jaxi/Datos.htm?path=/t20/e245/p08/l0/&file=02002.px

Isin, Engin F. 2002. *Being Political. Genealogies of Citizenship*. Minneapolis/Londres: University of Minnesota Press.

Isin, Engin F. 2009. "Citizen in flux: the figure of the activist citizen", *Subjectivity* 29: 367-388.

Isin, Engin F. 2012. *Citizens without Frontiers*. Nueva York/Londres: Bloomsbury.

Jacobs, Michelle R. 2017. "Resisting and reifying racialization among urban American Indians." *Ethnic and Racial Studies* 42(4): 570-588.

Jacobson, Jessica. 1998. *Islam in Transition. Religion and Identity among British Pakistani Youth*. Londres: Routledge.

Jansen, Yolanda y Nasar Meer. 2020. "Genealogies of Jews and Muslims: social imaginaries in the race-religion nexus." *Patterns of Prejudice* 54(1-2): 1-14.

Kapoor, Nisha. 2015. "Removing the rights to have rights." *Studies in Ethnicity and Nationalism* 15(1): 105-110.

Koning, Martijn de. 2016. "'You Need to Present a Counter-Message'. The racialization of Dutch Muslims and Anti-Islamophobia initiatives." *Journal of Muslims in Europe* 5: 170-189.

Koning, Martijn de. 2019. "Normalization of Islamophobia - What do we mean by that?". Recuperado el 27 de septiembre de 2020 de https://religionresearch.org/closer/2019/03/30/normalization-of-islamophobia/what-do-we-mean-by-that/

Koning, Martijn de, Birgit Meijer, Annelies Moors y Peter Pels. 2019. "Guidelines for anthropological research: Data management, ethics and integrity." *Ethnography 20(2)*: 170-174.

Krause, Kristine. 2018. "Speaking from the blind spot: Political Subjectivity and articulations of disability." *Critical African Studies* 10(3): 287-300.

Krause, Kristine y Katharina Schramm. 2011. "Thinking through Political Subjectivity." *African Diaspora* 4: 115-134.

Kundnani, Arun. 2009. *Spooked! How not to prevent violent extremism*. Londres: Institute of Race Relations.

La Voz de Asturias. 4 de noviembre de 2019. "La Comisión Islámica de España recuerda a un instituto de Gijón el derecho de una alumna a llevar hijab". Recuperado el 14 de agosto de 2020 de *La Voz de Asturias*. https://www.lavozdeasturias.es/noticia/gijon/2019/11/04/comision-islamica-recuerda-instituto-gijon-derecho-alumna-llevar-hiyab/00031572873728215279349.httm

Lean, Nathan. 2012. *The Islamophobia Industry, How the Right Manufactures Hatred of Muslims*. Londres: Pluto Press.

Lems, Johanna M. 2016. "En busca de autoridad. Jóvenes musulmanas y conocimiento religioso en Madrid." *Revista de Estudios Internacionales Mediterráneos* 20: 57-69.

Lems, Johanna M. y Laura Mijares. 2022. "La securitización de la cotidianidad de las personas musulmanas: el silenciamiento como estrategia de control." En *Cambio, crisis y movilizaciones en el Mediterráneo Occidental*, editado por

B. Azaola, T. Desrues, M.H. de Larramendi, A.I. Planet y A. Ramírez. Granada: Comares.

Ley Orgánica 7 de 1980. De Libertad Religiosa. 5 de julio de 1980. B.O.E. No. 177.

Ley 42 de 2006. Presupuestos Generales del Estado para el año 2007. 28 de diciembre de 2006. B.O.E. No. 311.

Ley 26 de 1992. Por la que se aprueba el Acuerdo de Cooperación del Estado con la Comisión Islámica de España. 10 de noviembre de 1992. B.O.E. No. 272.

Lobera, Josep. 2015. "De movimientos a partidos. La cristalización electoral de la protesta." *Revista Española de Sociología* 24: 97-105.

López Bargados, Alberto. 2014. "Autos de fe en un mundo de incrédulos: etnografiando la construcción del 'terror islámico' en Cataluña." En *La alteridad imaginada. El pánico moral y la construcción de lo musulmán en España y Francia*, editado por Ángeles Ramírez, 23-44. Barcelona: Bellaterra.

Mahmood, Saba. 2016. *Religious difference in a secular age. A minority report.* Princeton/Oxford: Princeton University Press.

Mahmood, Saba. 2012. *Politics of Piety. The Islamic Revival and the Feminist Subject.* Princeton: Princeton University Press.

Maldita.es. 1 de mayo de 2019. "Los bulos para la campaña de las municipales ya han empezado: el falso auge del 'partido musulmán'". *elDiario.es*. Recuperado el 2 de mayo de 2019 de https://www.eldiario.es/desalambre/partido-renacimiento-prune-cis-metroscopia11575752.html

Mamdani, Mahmood. 2004. *Good Muslim, Bad Muslim. America, the Cold War, and the Roots of Terror.* Nueva York: Doubleday.

Manzoor-Khan, Suhaiymah. 2019. *Postcolonial Banter.* Birmingham: Verve Poetry Press.

Martin Corrales, Eloy. 2002. *La imagen del magrebí en España: una perspectiva histórica, siglos XVI-XX.* Barcelona: Bellaterra.

Massoumi, Narzanin. 2015. *Muslim Women, Social Movements and the War on Terror.* Basingstoke: Palgrave Macmillan.

Massoumi, Narzanin; Mills, Tom y Miller, David (eds.). 2017. *What is Islamophobia? Racism, Social Movements and the State.* Londres: Pluto Press.

Mateo Dieste, Josep Lluís. 2017. *"Moros vienen". Historia y política de un estereotipo.* Melilla: Instituto de las Culturas.

Meer, Nasar. 2013. "Semantics, scales and solidarities in the study of antisemitism and Islamophobia." *Ethnic and Racial Studies* 36(3): 500-515.

Mijares, Laura. 2014. "El efecto *Persépolis*: procesos de domesticación y marginación de estudiantes musulmanas en los centros educativos." En *La alteridad imaginada. El pánico moral y la construcción de lo musulmán en España y Francia*, editado por Ángeles Ramírez, 189-217. Barcelona: Bellaterra.

Mijares Molina, Laura y Johanna M. Lems. 2018. "Luchando contra la subalternidad: reivindicaciones entre la población musulmana de Madrid." *Revista de Estudios Internacionales Mediterráneos* 24: 109-128.

Ministerio del Interior. 14 de enero de 2019. *Plan de Acción de Lucha contra los Delitos de Odio.* https://www.interior.gob.es/opencms/pdf/servicios-al-ciudadano/Delitos-de-odio/descargas/PLAN-DE-ACCION-DE-LUCHA-CONTRA-LOS-DELITOS-DE-ODIO.pdf

Moeran, Bryan. 2007. "From Participant Observation to Observant Participation: Anthropology, Fieldwork and Organizational Ethnography." *Creative Encounters*, Working Papers#2: 1-25.

Mohamed, Dris. 12 de mayo de 2019. Entrevistado por Pepa Beltrán. *Objetivo Algeciras*. https://www.horasur.com/video/algeciras/objetivo-algeciras-dris-mohamed/20190512235300040238.html

Moosavi, Leon. 2015. "The Racialization of Muslim Converts in Britain and Their Experiences of Islamophobia." *Critical Sociology* 41(1): 41-56.

Moreno, Manuel. 15 de julio de 2020. "Prune, ¿el ocaso del primer partido islámico español?" *ABC*. Recuperado el 18 de julio de 2020 de https://www.abc.es/espana/castilla-la-mancha/toledo/abci-prune-ocaso-primer-partido-islamico-espanol-202007151658_noticia.html

Moreras Palenzuela, Jordi. 2021. "Lo que la pandemia nos ha enseñado con respecto de la muerte (y otras obviedades)", *Cuestiones de Pluralismo* 1(1). https://doi.org.10.58428.YAIH5054

Mouffe, Chantal. 2005. *On the Political*. Abingdon/Nueva York: Routledge.

Moustaoui Srhir, Adil. 2020. *Ediso-Econversa*, 3ª edición. Asociación de Estudios sobre Discurso y Sociedad.

Muhammad, Marwan. 2017. *Nous (aussi) sommes la Nation. Pourquoi il faut lutter contre l'islamophobie*. París: La Découverte.

McIslamofobia Musulmanes contra la Islamofobia. (s.f.) *Qué fem?* Recuperado el 21 de julio de 2020 de https://mcislamofobia.org/mcislamofobia/que-fem

McIslamofobia Musulmanes contra la Islamofobia. 2019a. *Denuncia a María Jamardo por sus comentarios en Espejo Público a la Comisión Nacional del Mercado y la Competencia*. Recuperado el 21 de julio de 2020 de https://mcislamofobia.org/denuncia-contra-la-periodista-maria-jamardo-programa-espejo-publico-cnmc

McIslamofobia Musulmanes contra la Islamofobia. 2019b. *Declaraciones islamófobas del Conseller d'Ensenyament Josep Bargalló i Valls*. https://www.Youtube.com/watch?v=cUpAaNsfYA4&t=31s

McIslamofobia Musulmanes contra la Islamofobia. 2019c. *No votes en contra de los derechos culturales y religiosos de los musulmanes*. Recuperado el 25 de abril de 2019 de https://mcislamofobia.org/elecciones-generales-28a-no-votes-en-contra-de-los-derechos-culturales-y-religiosos-de-los-musulmanes

McIslamofobia Musulmanes contra la Islamofobia. 2020a. *Valoración de los fallos del TSJ de La Rioja en contra de la demanda de ERI de 10 familias*. Recuperado el 22 de julio de 2020 de https://mcislamofobia.org/valoracion-fallos-tsj-larioja-eri2020

McIslamofobia Musulmanes contra la Islamofobia. 2020b. *Cementerios islámicos: ¡Que se respeten nuestros derechos culturales en materia mortuaria!* Recuperado el 20 de abril de 2020 de https://mcislamofobia.org/ cementerios-islamicos-se-respeten-derechos-culturales-materia-mortuoria

Nash, Kate. 2014. "Introduction." En *Transnationalizing the public sphere*, editado por Kate Nash, 1-7. Cambridge: Polity Press.

Norton, Anne. 2013. *On the Muslim Question*. Princeton/Oxford: Princeton University Press.

Observatorio Andalusí. 2023. *Estudio demográfico de la población musulmana. Explotación estadística del censo de ciudadanos musulmanes en España referido a fecha 31/12/2022.* Madrid: UCIDE.

Observatorio Andalusí. 2022. *Estudio demográfico de la población musulmana. Explotación estadística del censo de ciudadanos musulmanes en España referido a fecha 31/12/2021.* Madrid: UCIDE.

Observatorio Andalusí. 2020. *Estudio demográfico de la población musulmana. Explotación estadística del censo de ciudadanos musulmanes en España referido a fecha 31/12/2019.* UCIDE.

OIM Observatorio de la Islamofobia en los Medios. 2018. *Una realidad incontestable: Islamofobia en los medios.* http://www.observatorioislamofobia.org/2018/10/02/informe-2017-una-realidad-incontestable-islamofobia-los-medios/

OIM Observatorio de la Islamofobia en los Medios. 2019. *Un cambio a nuestro alcance: Islamofobia en los medios.* http://www.observatoriodeislamofo bia.org/2019/09/19/informe-2018-cambio-alcance-islamofobia-los-medios/

OIM Observatorio de la Islamofobia en los Medios. 11 de enero de 2021. *Observatori de la Islamòfobia a Catalunya.* https://www.observatoriodeis lamofobia.org/2021/01/11/observatori-la-islamofobia-catalunya-odic/

Observatorio Metropolitano. 2011. *Crisis y revolución en Europa.* Madrid: Traficantes de Sueños.

ONDOD Oficina Nacional de Delitos de Odio. 2016. *Informe sobre la evolución de los incidentes relacionados con los delitos de odio en España 2015.* Ministerio del Interior. Gobierno de España.

ONDOD Oficina Nacional de Delitos de Odio. 2017. *Informe sobre la evolución de los incidentes relacionados con los delitos de odio en España 2016.* Ministerio del Interior. Gobierno de España.

ONDOD Oficina Nacional de Delitos de Odio. 2018. *Informe sobre la evolución de los incidentes relacionados con los delitos de odio en España 2017.* Ministerio del Interior. Gobierno de España.

ONDOD Oficina Nacional de Delitos de Odio. 2019. *Informe sobre la evolución de los delitos de odio en España 2018.* Ministerio del Interior. Gobierno de España.

ONDOD Oficina Nacional de Delitos de Odio. 2020. *Informe sobre la evolución de los delitos de odio en España 2019.* Ministerio del Interior. Gobierno de España.

ONDOD Oficina Nacional de Delitos de Odio. 2023. *Informe sobre la evolución de los delitos de odio en España 2022.* Ministerio del Interior. Gobierno de España.

OIDDH Oficina de Instituciones Democráticas y Derechos Humanos. 2018. *Delitos de odio contra los Musulmanes.* https://www.osce.org/files/f/documents/6/7/414479.pdf

OSCE Organización para la Seguridad y la Cooperación en Europa. 2020. *Understanding Anti-Muslim Hate Crimes. Addressing the Security Needs of Muslim Communities. A Practical Guide.* Varsovia. https://www.osce.org/files/f/documents/9/0/448696.pdf

Ouled, Youssef. 31 de octubre de 2018. "11 de noviembre, cuestionar el antirracismo." *Esracismo*. https://esracismo.com/2018/10/31/11-de-noviembre-cuestionar-el-antirracismo/

Papadopoulos, Dimitris, Niamh Stephenson y Vassilis Tsianos. 2008. *Escape Routes. Control and Subversion in the Twenty-first century*. Londres: Pluto Press.

Parvez, Fareen Z. 2017. *Politicizing Islam. The Islamic Revival in France and India*. Nueva York: Oxford University Press.

Phillips, Anne. 1995. *The Politics of Presence*. Oxford: Oxford University Press.

Planet Contreras, Ana I. 1998. *Melilla y Ceuta. Espacios-fronteras hispano-marroquíes*. Ciudad Autónoma de Melilla/Ciudad Autónoma de Ceuta: UNED Melilla.

Planet Contreras, Ana I. 2008. "Islam e inmigración: elementos para un análisis y propuestas de gestión." En *Islam e inmigración*, editado por Ana Planet y Jordi Moreras, 9-52. Madrid: Centro de Estudios Políticos y Constitucionales. Ministerio de la Presidencia.

Planet Contreras, Ana I. 2018. "Islam in Spain. From Historical Question to Social Debate." En *Observing Islam in Spain. Contemporary Politics and Social Dynamics*, editado por Ana I. Planet Contreras, 1-22. Leiden: Brill.

PCCI Plataforma Ciudadana Contra la Islamofobia. 2015. *Informe Anual Islamofobia en España 2014*. https://Plataformaciudadanacontralaislamofobia.files.wordpress.com/2015/03/pcci-informe-islamofobia-espac3b1a-2014.pdf

PCCI Plataforma Ciudadana Contra la Islamofobia. 2016. *Informe Anual Islamofobia en España 2015*. https://Plataformaciudadanacontralaislamofobia.files.wordpress.com/2016/04/informe-islamofobia-en-espac3b1a-2015-pcci-informe-anual-20164.pdf

PCCI Plataforma Ciudadana Contra la Islamofobia. 2017. *Informe Anual Islamofobia en España 2016*. http://mezquitadesevilla.com/wp-content/uploads 2017/11/Informe-sobre-la-islamofobia-en-Espa%C3%B1a-2016.pdf

PCCI Plataforma Ciudadana Contra la Islamofobia. 2018. *Informe Anual Islamofobia en España 2017*. http://pccislamofobia.org/wp-content/ uploads/2018/03/Informe-Islamofobia-en-España.-PCCI-Informe-Anual-2018.pdf

Podemos, julio de 2020. *Protocolo para la creación y activación de un círculo*. https://podemos.info/wp-content/uploads/2020/08/Protocolo-creacion_activacion_circulos.pdf

Proyecto Intervención Comunitaria Intercultural. 2016. *Infancia, Familia y Convivencia en Cañada Real Galiana*. Monografía comunitaria. https://www.gitanos.org/upload/70/28/monografia-2016-interactivo.pdf

PRUNE Partido de Renacimiento y Unión de Europa, s.f. *Un partido diferente en una sociedad cambiante*. https://www.partidorenacimientoyuniondeuropa.info/

PRUNE Partido de Renacimiento y Unión de Europa, 20 de diciembre de 2019. *Comunicado*. Facebook. https://es-es.facebook.com/pg/Partido-Renacimientoy-Unión-de-Europa-346051671701/posts/?ref=page_internal

PRUNE Partido de Renacimiento y Unión de Europa, 15 de julio de 2020. *Comunicado*. Facebook. https://es-la.facebook.com/Partido-Renacimiento-y-Uni%C3%B3n-de-Europa-346051671701/

Qureshi, Asim. 2017. "The UK Counterterrorism Matrix: Structural Racism and the Case of Mahdi Hashi." En *What is Islamophobia? Racism, Social Movements and the State*, editado por Narzanin Massoumi, Tom Mills y David Miller, 74-96. London: Pluto Press.

Qureshi, Asim. 2018. *The Virtue of Disobedience*. Reino Unido: Byline Books.

Ramírez Fernández, Ángeles. 2011. *La trampa del velo, El debate sobre el uso del pañuelo musulmán*. Madrid: Catarata.

Ramírez Fernández, Ángeles. 2012. "Ausencias silenciosas: La inmigración en el 15-M." En *¡Espabilemos! Argumentos desde el 15-M*, coordinado por Carlos Taibo, 314-378. Edición Kindle.

Ramírez Fernández, Ángeles. 2014. "Introducción y estructura de la obra." En *La alteridad imaginada. El pánico moral y la construcción de lo musulmán en España y Francia*, editado por Ángeles Ramírez, 9-19. Barcelona: Bellaterra.

Ramírez Fernández, Ángeles. 2016. "La construcción del problema musulmán. Radicalización, islam y pobreza." *Viento Sur* 144: 21-30.

Ramírez, Ángeles y Laura Mijares. 2021. *Feminismos ante el islam. El velo y los cuerpos de las mujeres*. Madrid: Catarata.

Rancière, Jacques. 2012. *El desacuerdo. Política y filosofía*. Buenos Aires: Nueva Visión.

Real Decreto 770 de 2017. Por el que se desarrolla la estructura orgánica básica del Ministerio del Interior. 28 de julio de 2017. B.O.E. No. 180.

Real Decreto 681 de 2019. Por el que se regula la concesión directa de subvenciones para el sostenimiento económico y financiero de la estructura central de determinadas entidades del Tercer Sector de Acción Social. 22 de noviembre de 2019. B.O.E. No. 282.

Romero, Isabel. 17 de julio de 2020. *Hablamos sobre la CIE y el islam en España*. Verislam. https://www.verislam.com/hablamos-sobre-la-cie-y-el-islam-en-espana/

Rosón Lorente, Javier. 2011. "Discrepancies around the use of the term Islamophobia." *Human Architecture: Journal of the Sociology of Self-knowledge* 8(2): 115-128.

Roy, Arundhati. 2004, "Peace and the new corporate liberation theology", *Sydney Peace Price Lecture*, November 4, University of Sydney.

RTVE.es. 20 de noviembre de 2018. "El gobierno presenta la primera unidad didáctica sobre terrorismo para alumnos de la ESO". https://www.rtve.es/noticias/20181120/gobierno-presenta-primera-unidad-didactica-sobre-terrorismo-para-alumnos-eso/1841380.shtml

Runnymede Trust. 1997. *Islamophobia: A Challenge for us all*. https://www.runnymedetrust.org/companies/17/74/Islamophobia-A-Challenge-for-Us-All.html

Salguero Montaño, Óscar. 2018. "A Diachronic View of the Spaces of Islam in Melilla." En *Observing Islam in Spain. Contemporary Politics and Social Dynamics*, editado por Ana Planet, 62-84. Leiden: Brill.

Salguero Montaño, Óscar y Hután Hejazi. 2020. "El islam en el espacio público madrileño." *Disparidades. Revista de Antropología* 75(1): e011.

Salvatore, Armando. 2007. *The Public Sphere. Liberal Modernity, Catholicism, Islam*. Nueva York: Palgrave Macmillan.

Salvatore, Armando. 2009. "The Reform Project in the Emerging Public Spheres." En *Islam and Modernity. Key issues and debates*, editado por Muhammad Khalid Masud, Armando Salvatore y Martin van Bruinessen, 185-205. Edinburgo: Edinburgh University Press.

Salvatore, Armando. 2012. "public sphere." En *The Princeton Encyclopedia of Islamic Political Thought*, editado por Gerhard Bowering, 346-348. Princeton: Princeton University Press.

Samadi, Hajar. 16 de junio 2013. *Entrevistada por Radio 2 Luces*. Nurainmagazine. http://www.nurainmagazine.info/radio2luces/index.php?option=com_k2& view=item&id=989:entrevista-a-la-srta-hajar-samadi&Ite mid =58

Sassen, Saskia. 2004. "Local Actors in Global Politics." *Current Sociology* 52(4): 649-670.

Sayad, Abdelmalak. 2006. *L'immigration ou les paradoxes de l'altérité. 2. Les enfants illégitimes*. Paris: Raisons d'agir.

Sayyid, S. 2010. "The Homelessness of Muslimness: The Muslim Umma as a Diaspora." *Human Architecture: Journal of the Sociology of Self-Knowledge* 8(2): 129-146.

Sayyid, S. 2014. "A Measure of Islamophobia." *Islamophobia Studies Journal* 2(1): 10-25.

Schramm, Katharina, Kristine Krause y Greer Valley. 2018. "Introduction: voice, noise and silence. Resonances of political subjectivities." *Critical African Studies* 10(3): 245-256.

Secretaría de Círculos de Podemos, s.f. *Círculos*. https://podemos.info/circulos/

Selod, Saher. 2018. *Forever Suspect. Racialized Surveillance of Muslim Americans in the War on Terror*. Nueva Brunswick: Rutgers University Press.

Servimedia. 2020. "Una concejala musulmana casa dos mujeres en Madrid". *TeleMadrid*. https://www.telemadrid.es/noticias/madrid/concejala-musulmana-casa- mujeres-Madrid-0-2269873007--20200919015150.html

Silverstein, Paul A. 2018. *Postcolonial France. Race, Islam and the Future of the Republic*. Londres: Pluto Press.

SOS Racisme Catalunya y plataforma de entidades Parad de pararme. 2018. *La apariencia no es motivo. Identificaciones policiales por perfil étnico en Cataluña. Informe 2018*. https://www.pareudepararme.org/uploads/informe2018-es.pdf

Soyer, François. 2013. "Faith, Culture and Fear: comparing Islamophobia in early modern Spain and twenty-first century Europe." *Ethnic and Racial Studies* 36(3): 399-416.

Spivak, Gayatri Chakravorty. 1988. "Can the subaltern speak?" En *Marxism and the Interpretation of Culture*, editado por C. Nelson y L. Grossberg, 271-313. Basingstoke: Macmillan.

Sunier, Thijl. 2016. "Editorial: What is Islamophobia?" *Journal of Muslims in Europe* 5: 139-143.

Tarrés Chamorro, Sol. 2006. "Ritos funerarios en el islam: la praxis entre los musulmanes de Sevilla." *Zainak* 28: 429-446.

Tarrés Chamorro, Sol y Javier Rosón Lorente. 2017. "¿Musulmanes o inmigrantes? La institucionalización del islam en España." *Revista CIDOB d'Afers Internacionals* 115: 165-185.

Taylor, S.J. y R. Bogdan. 1987. *Introducción a los métodos cualitativos de investigación. La búsqueda de significados*. Barcelona: Paidós.

Téllez, Virtudes. 2008. "La juventud musulmana de Madrid responde: Lugar y participación social de las asociaciones socioculturales formadas o revitalizadas después de los atentados del 11-M." *Revista de Estudios Internacionales Mediterráneos* 6: 133-143.

Téllez Delgado, Virtudes. 2011. *Contra el estigma: jóvenes españoles/as y marroquíes transitando entre la ciudadanía y la "musulmaneidad"*, Tesis Doctoral, Universidad Autónoma de Madrid.

Téllez Delgado, Virtudes. 2014. "Somos 'ciudadanos españoles musulmanes': posibilidades de conciliar la ciudadanía española y la religiosidad islámica." En *La alteridad imaginada. El pánico moral y la construcción de lo musulmán en España y Francia*, editado por Ángeles Ramírez, 219-242. Barcelona: Bellaterra.

Téllez Delgado, Virtudes. 2018. "El 'Pacto Antiyihadista' y las estrategias de lucha contra la 'radicalización violenta': implicaciones jurídicas, políticas y sociales." *Revista de Estudios Internacionales Mediterráneos* 24: 9-30.

Téllez Delgado, Virtudes y Salvatore Madonia. 2018. "Visibilizing 'Invisibilized' Spanish Muslim Youth." En *Observing Islam in Spain. Contemporary Politics and Social Dynamics*, editado por Ana Planet, 113-139. Leiden: Brill.

Testa, Gonzalo. 2014. "Hamed presenta nuevo partido, el Movimiento por la Dignidad y Ciudadanía de Ceuta". *Ceuta al día*. https://www.ceutaldia.com/articulo/politica/hamed-presenta-nuevo-partido-movimiento-dignidad-y-ciudadania-ceuta/20141031141323140886.html

Topolski, Anya. 2018. "Good Jew, bad Jew...good Muslim, bad Muslim: managing Europe's others." *Ethnic and Racial Studies* 41(12): 2179-2196.

Torrens, María. 2019a. "Interior destina medio millón de euros a la lucha contra los delitos de odio". Salam Plan. Recuperado el 14 de agosto de 2020 de https://salamplan.com/islamofobia/interior-destina-medio-millon-euros-la-lucha-los-delitos-odio/20190115

Torrens, María. 2019b. "La ONU pide a España registrar los delitos de odio contra los musulmanes y otras minorías". Salam Plan. Recuperado el 14 de agosto de 2020 de https://salamplan.com/islamofobia/la-onu-pide-espana-registrar-los-delitos-odio-los-musulmanes-otras-minorias/20190125

Tully, James. 2012. "On the Global Multiplicity of Spheres. The democratic transformation of the public sphere?" En *Beyond Habermas. Democracy, Knowledge and the Public Sphere*, editado por Chr. J. Emden y D. Midgeley, 169-205. Nueva York/Oxford: Berghahn.

TV Mataró (Redacció). 20 de abril de 2020. *ERC reclama espai per als enterraments de fe musulmana als cementiris de Mataró*. Recuperado el 27 de abril de 2020 de https://mataroaudiovisual.cat/noticia/societat/erc-reclama-espai-alsenterraments-de-fe-musulmana-als-cementiris-de-matar%C3%B3

UCFR Unitat Contre el Feixisme i el Racisme. 26 de noviembre de 2019. *Comunicat d'UCFR. Declaracions del Conseller Bargalló: no a la islamofòbia, sí al diàleg i la cerca de solucions*. Recuperado el 14 de agosto de 2020 de https://mcislamofobia.org/respuesta-a-ucfr-sobre-las-declaraciones-del-conseller-bargallo

Vakil, AbdoolKarim. 2010. "Who's afraid of Islamophobia?" En *Thinking Through Islamophobia: Global Perspectives*, editado por S. Sayyid y A. Vakil, 271-278. Londres: Hurst.
Valles, Miguel S. 2014. "Entrevistas cualitativas." *Cuadernos Metodológicos 32*. Madrid: Centro de Investigaciones Sociológicas.
Vargas, Jairo. 27 de julio de 2020. "'Fuego al orden colonial!: activistas antirracistas asaltan la estatua de Colón en Madrid". *Público*. https://www.publico.es/sociedad/estatua-colon-madrid-pancarta-fuego-orden-colonial-activistas-antirracistas-asaltan-estatua-colon-madrid.html
Vargas Llamas, Victor. 4 de febrero de 2017. "Fátima Taleb: No toleran que sea mucho más que un velo". *El Periódico*. Recuperado el 16 de agosto de 2020 de https://www.telemadrid.es/noticias/madrid/concejala-musulmana-casa-mujeres-Madrid-0-2269873007--20200919015150.html
Verdú, Daniel. 23 de enero de 2015. "El círculo islámico de Podemos." *El País*, Recuperado el 30 de septiembre de 2020 de https://elpais.com/politica/2015/01/22/actualidad/1421956567_088774.html
Werbner, Pnina. 2002. "The place which is diaspora: Citizenship, Religion and Gender in the making of chaordic transnationalism." *Journal of Ethnic and Migration Studies* 28(1): 119-133.
Wilkinson, Catherine. 2017. "Going backstage: observant participation in research with young people." *Children's Geogpraphies* 15(5): 614-620.
Yuval-Davis, Nira. 2011. *Power, Intersectionality and the Politics of Belonging*. Aalborg: Institut for Kultur og Globale Studier, Aalborg Universitet. FREIA' s tekstserie 75.
Zereg, Sara. 13 de diciembre de 2018. Entrevista a Sara Zereg y Hind al-Fadli de G-Chime por Radio Onda Ilicitana Elche.
Zerilli, Linda. 2005. *Feminism and the Abyss of Freedom*. Chicago: The University of Chicago Press.
Zine, Jasmin. 2006. "Unveiled Sentiments: Gendered Islamophobia and Experiences of Veiling among Muslim Girls in a Canadian Islamic School." *Equity & Excellence in Education* 39 (3): 239-252.
Zine, Jasmin. 3 de julio de 2018 [Discurso principal]. *Conversaciones con Jasmin Zine sobre islamofobia*. Seminario organizado por el Grupo de Análisis sobre Islam en Europa (GRAIS, UCM). Madrid, Casa Árabe.
Zine, Jasmin y BALA, Asma. 2019. "Faith and Activism". En *Political Muslims. Understanding Youth Resistance in a Global Context*, editado por Tahir Abbas y Hamid Sadek, 52-74. Nueva York: Syracuse University Press.
Zivi, Karen. 2012. *Making Rights Claims. A Practice of Democratic Citizenship*. Nueva York: Oxford University Press.

Anexo.
Técnicas de investigación cualitativa

De acuerdo con lo expuesto en el capítulo 3, el trabajo de investigación sobre el que se basa este libro ha consistido en varias fases que no solo se relacionan con espacios temporales distintos, sino también con el empleo de diferentes técnicas investigativas. Aparte del análisis de datos textuales y audiovisuales secundarios obtenidos mediante la revisión bibliográfica y la etnografía virtual, se han empleado las técnicas del grupo de discusión, la observación participante, la participación observante y la entrevista en profundidad.

Grupo de discusión

El principal objetivo de la técnica del grupo de discusión, desarrollada en los años 1970 por la Sociología Crítica española para la investigación del consumo y del comportamiento de los mercados (Ibañez, 1979; Gutiérrez Brito, 2008), es encontrar las representaciones sociales que circulan en los grupos sociales de referencia (como los sistemas de normas y valores, el imaginario asociado a instituciones o colectivos o los discursos estereotipados) y que forman los discursos sociales en su conjunto (Alonso, 1996). Los grupos reproducen, en composición y dinámica, las situaciones sociales de referencia más relevantes en el proceso de génesis, expresión y confrontación ideológica de las actitudes y representaciones sociales relacionadas con el objeto de estudio (De Lucas, 1992). En este sentido, el discurso colectivo (y no el de los individuos representando las posiciones sociales) constituye la base a partir de la cual se indaga en las posiciones discursivas, construidas transversal y colectivamente. Aunque el discurso producido bajo estas circunstancias no ofrece una información completa, sí puede proporcionar los elementos básicos que determinan la identidad social del colectivo objeto de estudio (Colectivo Ioé, 1995: 6). Por lo tanto, la técnica del grupo de discusión permite asociar las posiciones discursivas dominantes con las posiciones sociales, así como ahondar en las posibles fracturas existentes en las mismas (Conde, 2009). De esta manera, el grupo de discusión es una técnica cualitativa que tiene un alcance cuantitativo.

Observación participante/Participación observante

Ya que el objetivo de la investigación era explorar si, cómo y desde qué parámetros las poblaciones musulmanas que viven en España participan en el espacio público político, se ha llevado a cabo una observación participante, como modo de investigación que permite prestar mayor atención al punto de vista de los actores (Guasch, 2002: 34). El trabajo de campo ha incluido métodos más observacionales y otros más participativos. De acuerdo con Rosana Guber (2016: 67), los roles de la observadora participante y la participante observadora son el resultado de diferentes mezclas de ambas actividades. Estas combinaciones pueden variar en una escala que va desde la observación pura hasta la participación plena. Respecto al trabajo de observación participante, el desempeño de la actividad por parte de la investigadora consiste en el papel de observadora externa que ocasionalmente participa en alguna actividad, mientras que en la participación observante la investigadora forma parte de y contribuye a los proyectos y actividades que desarrolla la organización en la que ésta realiza sus observaciones (Moeran, 2007). Moeran considera que la participación observante supone un salto cualitativo en cuanto a la información que se puede conseguir y posteriormente analizar (2007: 13). Con el objetivo de alcanzar una comprensión detallada de las perspectivas de otras personas, se ha llevado a cabo una observación participante principalmente entre junio de 2018 y junio de 2020 en varios espacios incluyendo los de las asociaciones *Cambio Futuro*[1] y *Juntas por la Mejora*. Al mismo tiempo, se ha podido realizar una participación observante desde diciembre de 2018 hasta marzo de 2020, como voluntaria en la asociación musulmana *Stop Islamofobia*, una entidad legal española de ámbito nacional constituida en 2019 y con sede en Madrid.

Entrevista semiestructurada

Taylor y Bogdan (1987) entienden la entrevista en profundidad, o semiestructurada, como reiterados encuentros cara a cara entre la entrevistadora y los interlocutores, dirigidos hacia la comprensión de las perspectivas que tienen los interlocutores respecto de sus vidas, experiencias o situaciones, tal y como las expresan con sus propias palabras. Según estos autores, en este tipo de entrevistas la propia investigadora es el instrumento de la investigación y no el protocolo o formulario de la entrevista, mientras su tarea no es obtener solo respuestas, sino conocimiento sobre qué preguntas hacer y cómo hacerlas. En este sentido, explican Taylor y Bogdan, la entrevista en profundidad trata de averiguar lo que es importante para los interlocutores antes de centrarse en el interés de la investigación, por lo que es imprescindible que la investigadora establezca una relación de intimidad o comprensión con los y las interlocutoras (1987). A lo largo del trabajo de campo he mantenido numerosas conversaciones y entrevistas informales. Asimismo, he realizado diez entrevistas cualitativas o "en profundidad" (Valles, 2014). El objetivo de estas entrevistas ha sido principalmente confirmar datos ya recabados mediante la observación

---

[1] Como se ha explicado en el capítulo 3, estas denominaciones son pseudónimos.

Anexo

participante y la búsqueda de datos secundarios, a veces para ampliar el contexto. No obstante, el grueso del trabajo analítico se basa en la información recogida mediante las técnicas de la observación participante y la participación observante, no en un análisis de entrevistas puntuales. Una lista inicial de "posibles entrevistas", preparada al comienzo de la observación participante, se ha visto modificada sustancialmente a lo largo del trabajo de campo, por lo que iba viendo y aprendiendo. También, en alguna ocasión, el cambio en la lista inicial se ha debido a que las personas "candidatas a ser entrevistadas" formaban parte de determinados colectivos que han cesado sus actividades y, en otra ocasión, era la pandemia que ha interrumpido de forma abrupta el trabajo de campo. Mi interés para entrevistar a estas personas se ha basado en su participación activa como dirigentes, miembros o colaboradores en entidades religiosas y socioculturales musulmanas y en su consideración como interlocutores clave por el lugar que ocupan en dichas organizaciones. La mayoría tiene una posición relevante en la dirección o gestión de sus organizaciones, otras son incluso fundadoras de las mismas. Algunas de las personas entrevistadas han sido seleccionadas específicamente por su extenso conocimiento de las realidades de las diferentes comunidades musulmanas del territorio estatal. Puesto que mantienen relaciones con numerosas entidades religiosas islámicas de diferentes corrientes y orígenes nacionales, son conocedores de los proyectos, conflictos y preocupaciones presentes entre dichos colectivos. En la misma medida que para los demás habitantes (no necesariamente musulmanes) de España, los contextos en los que viven las poblaciones musulmanas dentro del territorio estatal son de una enorme variedad. Las realidades en el País Vasco distan mucho, por ejemplo, de la realidad ceutí en el continente norteafricano, mientras las preocupaciones de personas musulmanas en Cádiz son muy diferentes de las que viven en Cataluña. Por lo tanto, me ha parecido interesante poder entrevistar a conocedores de estas diferentes realidades. Aunque de edades muy variadas, la mayoría de las personas a las que he entrevistado tenía entonces menos de cuarenta años. A muchas de ellas ya las había conocido con anterioridad al momento de las entrevistas, pues habíamos coincidido en diversos eventos, seminarios y reuniones. Por lo tanto, la relación cordial previamente establecida con dichas personas me ha facilitado enormemente el acceso a ellas para ser entrevistadas. Teniendo en cuenta los objetivos de investigación, mis preguntas a las personas entrevistadas han seguido una estructura similar. Primero, me he interesado por conocer los motivos de la creación de sus organizaciones y/o de las actividades en las que participan, así como en qué consisten los proyectos y las tareas que llevan a cabo. Además, me ha interesado saber a quiénes iban dirigidas estas actividades y con quiénes trabajaban para lograr los objetivos. Casi siempre terminaba preguntando sobre sus preocupaciones en aquel momento o las de sus organizaciones, así como sobre sus retos para los próximos años. Lógicamente, las preguntas y cuestiones consideradas relevantes han variado dependiendo de la persona, su puesto y funciones dentro de cada asociación. Previamente me había informado sobre las actividades de la persona que iba a entrevistar y de las organizaciones en las que militaban, habiendo leído asimismo otras entrevistas concedidas recientemente en los medios de comunicación. Esta información no solo me ha servido para no duplicar determinadas preguntas, sino también para confirmar ciertas cuestiones de interés específico para mi investigación. Con el permiso de las y los entrevistados he podido grabar las entrevistas, confirmándoles por mi parte, antes de comenzar dichas entrevistas, el anonimato.[2] La tabla siguiente proporciona los datos básicos de las personas a las que se ha realizado una entrevistada en profundidad.

Tabla A1. Datos básicos de las personas a las que he realizado entrevistas en profundidad

	Nombre	Edad	Actividad	Fecha entrevista
1	Ismael	25-35	Responsable proyecto anti-islamofobia	junio de 2018
2	Yasmin	35-45	Colaboradora entidad anti-islamofobia	junio de 2018
3	Marwan	30-40	Colaborador entidad religiosa y asociación sociocultural	abril de 2019
4	Aisha	20-30	Dirigente asociación sociocultural *Cambio Futuro*	mayo de 2019
5	Nora	50-65	Dirigente entidad religiosa y entidad anti-islamofobia	noviembre de 2019
6	Imán	50-65	Dirigente entidad religiosa y asociación sociocultural	noviembre de 2019
7	Omar	35-45	Dirigente entidad religiosa y asociación sociocultural	diciembre de 2019
8	Hafsa	20-30	Socia activa asociación cultural *Cambio Futuro*	enero de 2020
9	Fátima	35-45	Dirigente asociación sociocultural *Stop Islamofobia*	marzo de 2020
10	Warda	35-45	Dirigente asociación sociocultural *Juntas por la Mejora*	junio de 2020

---

[2] En varias ocasiones, mis interlocutores/as me dijeron que no les importaba el anonimato de las entrevistas. No obstante, basándome en la ética del cuidado, he preferido usar pseudónimos. Además, de acuerdo con el capítulo 3, este trabajo no busca posiciones individuales sino los significados de las prácticas de las organizaciones en las que participan, por lo que ni sus nombres ni las denominaciones de las entidades son datos imprescindibles para esta investigación (de Koning *et al.*, 2019; Téllez, 2011).

Índice

A

acto de ciudadanía, 96
agencia política, 8, 11, 16, 24, 103
alterpolitics, 9
antipolitics, 9

C

Cambio Futuro, 26, 29, 30, 79, 80, 82, 88, 95, 110, 128, 130
contranarrativa, 29, 37, 56, 79
contrapúblicos, 4, 107
criminalización, 12, 23, 30, 103

D

delitos de odio, xxiv, 24, 28, 41, 42, 43, 44, 46, 66, 104, 120
derechos humanos, 8, 15, 27, 37, 42, 58, 60, 63, 64, 66, 104
derechos religiosos, xxiv, 22, 25, 46, 48, 54, 63, 65, 99, 104, 105, 106

E

enterramientos musulmanes, 46, 47
esfera pública, xxi, xxvi, 3, 5, 6, 10, 17, 19, 20, 25, 30, 35, 54, 57, 65, 66, 78, 103, 105, 106, 107, 108, 109
espacio seguro, 7, 29, 58, 65, 79, 83, 107

extranjerización, 12, 23, 57, 82, 103

G

grupo de discusión, xxvii, 19, 20, 21, 25, 111, 116, 117, 127

H

hipervisibilización, xxii, 39

I

interpelación, 10, 11, 12, 13, 14, 23, 78
invisibilización, 10, 12, 39, 45, 55, 63, 74, 77, 105, 114
islamofobia, xxiv, xxvi, 12, 15, 16, 24, 26, 28, 35, 36, 37, 38, 39, 40, 41, 43, 44, 45, 53, 54, 55, 56, 57, 58, 60, 61, 62, 63, 66, 67, 74, 84, 104, 105, 106, 109, 112, 120, 121, 130

J

Juntas por la Mejora, 26, 30, 31, 69, 70, 75, 76, 77, 78, 97, 109, 128, 130

L

lo político, 8, 72

M

menú halal, xxiv, 21, 48, 65, 69
moro, 14, 55, 66, 107
musulmanidad, xxii, 19, 20, 22, 29, 56, 79, 100, 103, 107, 108

O

observación participante, xxv, xxvi, 19, 26, 28, 30, 127, 129
Orgullo Crítico, 37, 58
ostracización, 12, 23, 103

P

paridad participativa, 5
participación observante, xxv, xxvi, 28, 40, 127, 128, 129
pertenencia, 7, 12, 20, 23, 25, 78, 91, 105, 106, 107, 110
política representativa, xxvii, 8, 25, 47, 62, 72, 73, 91, 106, 109

R

racialización, 12, 15, 24, 39, 55, 85, 103, 107
racismo, 12, 15, 16, 17, 24, 26, 28, 40, 41, 43, 45, 54, 55, 57, 58, 59, 60, 61, 62, 63, 66, 74, 85, 94, 96, 104, 105, 106, 107, 110, 113, 114, 115
reivindicación de derechos, 6, 20, 88

S

selfpolicing, 24
silencio, 14, 22, 23
Stop Islamofobia, 26, 27, 28, 29, 40, 41, 44, 56, 57, 58, 59, 60, 61, 62, 63, 66, 67, 109, 128, 130
subjetivación política, xxv, xxvi, 5, 10, 11, 23, 109
subjetividad política, xxv, 5, 6, 7, 8, 16, 19, 65, 67, 78, 105, 106, 108

V

vulnerabilidad, 40, 109

www.ingramcontent.com/pod-product-compliance
Ingram Content Group UK Ltd.
Pitfield, Milton Keynes, MK11 3LW, UK
UKHW032213171224
452513UK00010B/579